MALEDIVEN

TAUCHFÜHRER

Jahr-Verlag Hamburg

MALEDIVEN

EIN FÜHRER ZU DEN TAUCHSTELLEN

Text und Fotografien
Kurt Amsler

Bildmaterial zu den Tauchstellen
Arabella Lazzarin

Biologische Tafeln
Text
Angelo Mojetta

Bildmaterial zu den Fischen
Monica Falcone

Verlagsgestaltung
Valeria Manferto De Fabianis
Laura Accomazzo

Graphik
Patrizia Balocco Lovisetti

Übersetzung
Wolfgang Schoene

Die Texte zu den folgenden Tauchstellen stammen von Claudio Cangini:
Helengheli Thila; Felivaru - Shipyard; Kureddu - Express; Madivaru Kandu; Mulaku Kandu; Vattaru; Rakeedhoo; Embudhu Kandu.

Einen ganz besonderen Dank wollen wir den Divemastern der verschiedenen Tauchcenter aussprechen, die mit Informationen und Zeichnungen einen kostbaren Beitrag zur Herstellung dieses Tauchführers geleistet haben:
Peter Christofferson, Staffan Hanson, Heiri Loetscher, Christina Michael, Tommy Oggenfuss, Tashi Recordato, Robert Schneider, Herwarth Voigtman, Bettina Waller.

Die Verlagsleitung dankt außerdem der *Seafari Adventures* in Monza, Via Francesco Frisi 20, Monza (Italien), Tel. 0039-39-329338.

Die Deutsche Bibliothek - CIP-Einheitsaufnahme

Amsler, Kurt:
Malediven : Tauchführer / [Text und Fotogr. Kurt Amsler. Bildmaterial zu den Tauchstellen Arabella Lazzarin. Biologische Taf. Text Angelo Mojetta. Bildmaterial zu den Fischen Monica Falcone. Übers. Wolfgang Schoene]. - Hamburg : Jahr, 1995
ISBN 3-86132-142-4
NE: HST

Jahr-Verlag GmbH & Co.
Jessenstraße 1, 22767 Hamburg
Tel. 040/38906-0, Telefax 040/38906-302

ISBN 3-86132-142-4

Inhalt

EINLEITUNG Seite 6

DAS NORD-MALE-ATOLL
1 Das Wrack der *Maldive Victory* Seite 14
2 Kudahaa - Rainbow Seite 20
3 Bodu Banana - Banana Reef Seite 24
4 Okobe Thila - Barracuda Giri Seite 30
5 Nassimo Thila - Blue Shadow Seite 34
6 Tamburudu - H.P. Reef Seite 38
7 Rasfaree Kandu - Rasfaree Corner Seite 42
8 Kuda Faru - Saddle Seite 46
9 Meerufenfushi - Stairs Seite 50
10 Helengeli Thila Seite 54

GAAFARU
11 Das Wrack der *Seagull* Seite 58

DAS LHAVIYANI ATOLL
12 Felivaru - Shipyard Seite 62
13 Kureddu - Express Seite 66

DAS BAA ATOLL
14 Digalihaa Thila Seite 70

RASDHOO
15 Madivaru Kandu Seite 74

DAS ARI ATOLL
16 Ukulas Thila - Manta Point Seite 78
17 Maaya Thila Seite 82
18 Mushimasmingili Thila - Shark Thila Seite 86
19 Halaveli - Das Stingray Wrack Seite 92
20 Kuda Thila - Broken Rock Seite 96

DAS MULAKU ATOLL
21 Mulaku Kandu Seite 100

VATTARU
22 Vattaru Seite 104

DAS FELIDHU ATOLL
23 Rakeedhoo Seite 108
24 Foththeyo Seite 112

DAS SÜD-MALE-ATOLL
25 Vaagali Faru Seite 118
26 Guraidhoo Corner Seite 122
27 Miaru Faru - Shark Point Seite 126
28 Embudhu Kandu Seite 130

DIE FISCHE DER MALEDIVEN Seite 134

1 Elegante Fledermausfische (Platax teira) steigen zur Meeresoberfläche auf.

4-5 In der Luftaufnahme kann man die typische Form der Atolle des Malediven-Archipels gut erkennen.

HUWARAFUSHI ATOLL
HAAALIF ATOLL
HAA DHAAL ATOLL
SHAVIYANI ATOLL
NOONU ATOLL
RAA ATOLL
LHAVIYANI ATOLL
12
13
BAA ATOLL
14
11
GAAFARU
10
9
8
6
NORD-MALE ATOLL
7
5
15
RASDHOO
4
3
2
16
1
17
28
SÜD-MALE ATOLL
27
ARI ATOLL
18
25
26
19
20
FELIDHU ATOLL
FAAF ATOLL
24
23
22
VATTARU
21
MEEMU ATOLL
DHAAL ATOLL
THAA ATOLL
LAAMU ATOLL
GAAF ALIFU ATOLL
GAAF DHAAL ATOLL
GNAVIYANI ATOLL
SEENU ATOLL
N

EINLEITUNG

A - Derartige Anblicke lassen das Herz des Tauchers höher schlagen: Durch das kristallklare Wasser der Lagune kann man den Fuß des Korallenriffs und die Stelle, wo es in den Abgrund des Meeres versinkt, deutlich erkennen.

B - Die Riffe, die aus Milliarden kleiner Korallenpolypen gebildet wurden, tauchen streckenweise an der Wasseroberfläche auf.

Vom Flugzeug aus bietet sich den Augen ein phantastischer Anblick. Die Malediven, nichts als Punkte in der riesigen Wasserlandschaft des Indischen Ozeans. Grüne Inseln, von einem leuchtend weißen Sandring umgeben, verlaufen in eine smaragdgrüne Lagune, welche weiter draußen steil in die dunkelblaue Tiefe abfällt. Das „Reich der Tausend Inseln" ist die Übersetzung des aus dem Sanskrit stammenden Wortes „Malediven". Sie liegen 800 km südwestlich von Sri Lanka und erstrecken sich in einer schmalen Atollreihe vom 7° 9' nördlicher Breite über den Äquator hinaus bis 0° 45' südlicher Breite und vom 72° 30' bis zum 73° 43' östlicher Länge. Die Nord-Süd-Ausdehnung beträgt 800 km, die Ost-West-Ausdehnung 130 km, ein riesiges Gebiet mit einer lächerlich kleinen Landfläche von nur 298 Quadratkilometern.

Über 1000 Inseln, verteilt auf 19 Atolle, bilden dieses Land, wovon aber nur 200 Inseln bewohnt sind.

A

B

In der Mitte des Archipels liegt die Insel Male mit der gleichnamigen Hauptstadt, welche zugleich die einzige Stadt auf den Malediven ist.

Die Vegetation auf allen Inseln ist recht üppig. Seen und Wasserläufe sind selten, da die Inseln aus Korallenkalk bestehen, Korallenkalk, welcher in Millionen Jahren diese Eilande aus dem Meer gehoben hat. Geologisch gesehen sind die Malediven die Spitzen eines unterseeischen Gebirgszuges, der 300 bis 400 km westlich von Indien beginnt und sich 2300 km nach Süden erstreckt. Dieses Unterwassergebirge steigt aus einer Tiefe von 4000 Meter bis 70 Meter unter die Wasseroberfläche empor. Aus diesem Gebirgszug erheben sich Riffe, welche ihre Entstehung Tieren verdanken, und zwar den Korallenpolypen.

Diese nur wenige Millimeter großen Polypen leben in riesigen Kolonien und sind nur durch Kalkzellen voneinander abgetrennt. Sterben sie ab, siedeln sich sofort die Nachkommen auf den alten Skeletten an und bilden neue Zellen. Im ganzen gesehen entsteht so zuerst ein Korallenstock und später ein ganzes Riff. Korallenpolypen ernähren sich von Plankton aus dem Wasser. Die Wachstumsrate eines Korallenstocks oder -riffs ist von der Art des Planktonvorkommens, der Strömung und anderen Faktoren abhängig. Solche Korallenbauten weisen verschiedene Formen auf.

Die Malediven gelten als klassisches Atollgebiet mit den größten Atollringen, die auf der Erde zu finden sind, und gehören zu den korallenreichsten Gebieten der Erde. Über 70 Gattungen dieser Tierart sind hier anzutreffen. Die meisten dieser Korallenarten sind sogenannte Acroporas. Sie zählen zu den Riffbauern Nummer eins. Diese Riffe und die günstige Lage im Indischen Ozean prädestinieren die Inseln für einen riesigen Artenreichtum maritimer Lebewesen.

TAUCHEN AUF DEN MALEDIVEN

C

C - Dieses Bild scheint einem Traum entsprungen zu sein: Wie durch einen Zauber hebt sich diese von glasklarem Wasser umgebene, üppige Palmeninsel vom Horizont ab.

D

D - Es ist unmöglich zu sagen, wieviele Atolle es im Malediven-Archipel genau gibt, denn außer den großen Atollen sind es kleine Inseln, auf denen sich nur wenige Sträucher und Sandstreifen befinden und die bereits nach einem Sturm wieder verschwinden können.

E

E - Schon wenige Zentimeter unter der Oberfläche zeigt das Meer seinen außerordentlichen Reichtum. Im Hintergrund kann man die Insel Ihuru sehen, die zum Nord-Male-Atoll gehört.

Das Tauchen auf den Malediven ist vorbildlich organisiert. Jedes Tourist-Resort verfügt über eine Tauchbasis und je nach Größe der Insel über ein oder sogar mehrere Tauchboote. Die Stützpunkte sind vorwiegend darauf eingerichtet, bereits brevetierte und erfahrene Taucher zu bedienen. Sie bieten aber auch Anfängerkurse für interessierte Gäste des Tourist-Resorts an. Sehr beliebt ist auch die taucherische Weiterbildung geworden, die sogenannten „Spezialkurse". Die Teilnehmer an diesen Lehrgängen werden in verschiedene Techniken und Sparten der Taucherei eingeführt, hier einige der beliebtesten: Nachttauchen – Unterwassernavigation – Meeresbiologie – Drifttauchen – Wracktauchen – UW-Fotografie und Video. Kreuzfahrten bringen die Taucher in verschiedene und weiter entfernte Atolle, und sie sind die beste Art, den Zauber dieses herrlichen Archipels zu genießen, denn man hat so die Möglichkeit, die noch unberührten Meeresgründe zu erforschen, die von den Feriendörfern aus nicht erreicht werden können. Bei den für diese Kreuzfahrten benutzten Booten handelt es sich um bequeme Motorjachten aus Holz mit einer Länge von über 20 m, mit gut gelüfteten Doppelkabinen, Bad mit Dusche und geräumigen Aufenthaltsräumen. Das Boot kann bis zu zehn Passagiere aufnehmen, und es wird von einem Unterstützungsboot begleitet, das mit Kompressor, Preßluft und Bleigürteln für angenehme und sichere Tauchgänge ausgerüstet ist. Auf den Malediven finden wir drei Kategorien von Tauchgründen: Tauchen innerhalb des Atolls – Tauchen außerhalb des Atolls – Tauchen in den Kanälen. In dieser Reihenfolge liegt dann auch der generelle Unterschied der Könnerstufen. Bei den Tauchplätzen, die in diesem Buch beschrieben sind, finden wir alle Kategorien und Schwierigkeitsgrade. Der Leser wird hier speziell in Bezug auf seine Sicherheit, aber auch auf sein Wohlbefinden unter Wasser, wertvolle Hinweise erhalten. Genau so unterschiedlich wie die Gebiete sind auch die beim Tauchen angewendeten Techniken: Tauchen vom Strand – Tauchen vom festgemachten Boot – Tauchen vom Boot – „Driftdives“. Die Malediven sind ein Tauchgebiet, das sich für Driftdives hervorragend eignet. Schon vor vielen Jahren haben deshalb umweltbewußte Taucherbasen diese Technik eingeführt, um der durch Ankerwerfen verursachten Zerstörung der Korallenriffe vorzubeugen. Drifttauchen stellt vielleicht zu Beginn ein wenig höhere Anforderungen an die Taucher oder macht eine kleine Umstellung der gewohnten Technik notwendig. Diese Art des Tauchens ist aber weitaus angenehmer und erlebnisreicher. Voraussetzung für erfolgreiche Driftdives ist ein gutes Briefing, d. h. die Besprechung des Tauchganges, und eine eingespielte Bootscrew. Langsam, aber sicher bürgert sich auch der Gebrauch des für die Sicherheit wichtigen Parachut ein. Diese Markierungsboje, die von den Teams mitgeführt wird, kann schon während des Sicherheitsstops zur Oberfläche geschossen werden. Die Bootscrew kann nun schon von weitem die Position der noch am Riff entlang treibenden Tauchteams ausmachen und mit dem Boot folgen. Vor allem bei Wellengang oder gegen das Licht sind die Leuchtfarben der hoch aufgerichteten Boje auch besser zu sehen als im Wasser treibende Köpfe. Die Parachut-Technik ist sehr einfach und spielend leicht zu erlernen. Auf den Malediven ist die normale moderne Taucherausrüstung Standard. Dazu gehören: Die Tarier-Weste – Der Lungenautomat mit Finimeter und alternativer Luftversorgung.

A - Mit einem bequemen Boot von einer Insel zur anderen zu fahren, ist sicher die beste Art, um die Inselgruppe der Malediven zu besichtigen. Auf dem Bild kann man ein Boot der Seafari Adventures, Monza (Italien) sehen, mit dem man zu den fern vom Feriendorf gelegenen Tauchstellen gelangen kann.

B - Auf der Insel Bandos wurde eine moderne Deko-Kammer für vier Personen eingerichtet.

C - Einige Taucher führen ihre Sicherheitsstufe nebeneinander mit dem Parachut durch; die Bootsmannschaft kann sie so leicht sehen und an Bord nehmen.

D - Zwei Taucher erforschen ein Wrack auf dem Sandgrund in der Nähe der Insel Hembadhu.

C

D

A

B

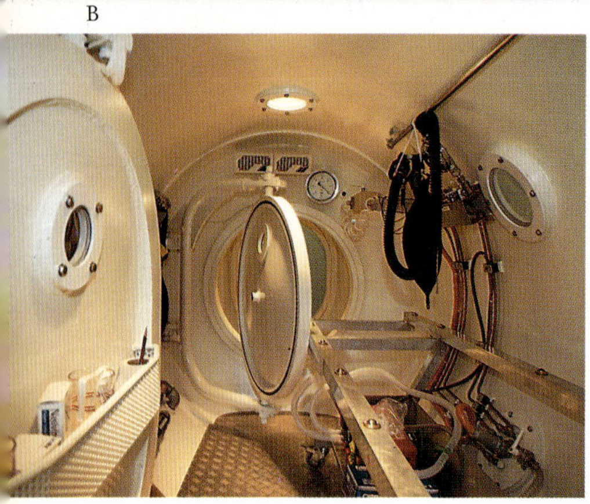

Die Verwendung des Padiwheels oder eines modernen Tauchcomputers ist sehr zu empfehlen, da die Topographie des Meeresgrundes vielfach das sogenannte Multilevel-Tauchen notwendig macht. Abgesehen davon kann mit diesen modernen Hilfsmitteln die Nullzeit wirklich voll ausgekostet werden. Eine staatliche Bestimmung verbietet auf den Malediven Tauchgänge, welche die Nullzeiten überschreiten, also Dekompressionsstops notwendig machen. Nicht zu verwechseln mit dem Sicherheitshalt von drei Minuten auf fünf bis drei Meter nach Nullzeit-Tauchgängen. Diese Verordnung ist mehr als nur vernünftig, auch wenn ein schneller Transport in die moderne und professionell betreute Dekompressions-Kammer auf der Insel Bandos von weiter entfernt gelegenen Atollen oder Safari-Routen heute möglich ist. Die Wassertemperatur liegt während des ganzen Jahres weit höher als 20 °C. Als Kälteschutz ist deshalb nur ein 3-mm-Neoprenanzug notwendig. Für weniger kälteempfindliche Taucher reicht auch ein Darlex-Anzug aus gefüttertem und isolierendem Nylonmaterial. Wie Sie bereits gemerkt haben, wird im Tauchparadies der Malediven umweltgerechtes Tauchen und Sicherheit groß geschrieben. Dank einer aufgeschlossenen Regierung und aufgrund weitsichtiger und verantwortungsbewußter Taucherstützpunkte ist das möglich geworden. Der Inhalt dieses Buches ist ebenfalls ganz darauf ausgerichtet und unterstützt diese Arbeit. Bei jedem der beschriebenen Tauchplätze finden Sie dazu in den Abschnitten „Umweltschutz“ und „Sicherheit“ noch ganz spezifische Informationen.

TAUCHER SCHÜTZEN DIE UNTERWASSERWELT!

E, F, G - Weichkorallen, Acropora und große Gorgonien kennzeichnen die Riffe der Malediven in einer Vielfalt von zarten Formen und Farben.

H - Die Fleckenrochen (Taeniura melanospilos) sind im ganzen Indischen Ozean verbreitet. Sie leben vorwiegend auf Sandgründen oder in nicht sehr tiefen Lagunen.

E

F

G

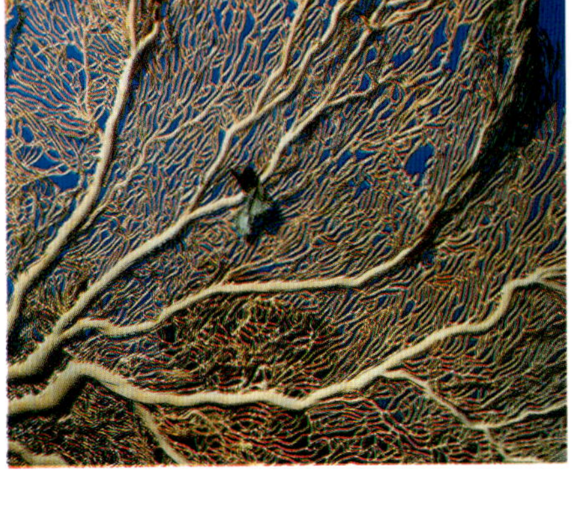

Wir Taucher sind Gäste in der Unterwasserwelt und müssen uns bewußt sein, daß dieses Gefüge, dieser Kreislauf des Lebens, leicht verletzbar ist und durch falsches Verhalten nicht wiedergutzumachende Schäden angerichtet werden können. Bewußt wird heutzutage sicherlich kein Taucher die Unterwasserwelt beschädigen oder die Bewohner behindern. Vieles passiert aber aus Unwissenheit und Unkenntnis über das Leben im Meer.

DAS KORALLENRIFF

Erbaut von Milliarden kleiner Tiere, den Korallenpolypen, ist das Riff die Brutstätte und die Grundlage allen Lebens im Meer. Korallen sind fragile Kalkgebilde, die durch den Kontakt mit Tauchern sehr leicht abbrechen. Die Voraussetzung für umweltgerechtes Tauchen ist deshalb perfektes Tarieren, wie das ja heute bei jeder modernen Tauchausbildung trainiert und verlangt wird. Besondere Vorsicht ist beim Fotografieren oder Filmen geboten. Durch die Konzentration auf das Motiv geht leicht die Vorsicht verloren. Schon das Berühren der Korallenoberfläche, gleichgültig ob Stein- oder Weichkoralle, verletzt oder tötet die kleinen Korallentiere. Wenn ein Abstützen oder Festhalten nicht zu vermeiden ist, soll das mit dem Finger und an einer verkalkten Stelle getan werden.

DAS FÜTTERN VON MEERESTIEREN

Das Füttern von Meerestieren während eines Tauchganges ist sicher ein beglückendes Gefühl. Es beruht aber auf Einseitigkeit und kann nicht empfohlen werden. An Orten, wo seit Jahren Fische gefüttert wurden, konnten Verhaltensstörungen beobachtet werden, die zu denken geben. Friedliche Zackenbarsche und Muränen entwickelten sich zu angreifenden Räubern. Schwere Bißverletzungen durch Attacken der Fische auf Taucher sind an solchen Plätzen seit langem keine Seltenheit mehr. Da auch das verwendete Futter meistens nicht dem entspricht, was die Tiere unter normalen Umständen fressen, bleiben die Folgen nicht aus. Da sterben große Napoleonfische, weil sie jeden Morgen mit Dutzenden von Eiern gefüttert wurden, und Soldatenfische ersticken an Hühnerknochen, weil sie diese, wie alles Freßbare, zu gierig hinunterschlingen. Futtersäcke werden den Tauchern von großen Barschen aus den Händen gerissen und mit Inhalt verschlungen. Die Folgen eines solchen nicht verdaulichen Fremdkörpers im Magen kann sich jeder leicht vorstellen. Mit Tieren auf Tuchfühlung zu gehen ist auch ohne solche Hilfsmittel möglich. Studieren Sie das Verhalten der Lebewesen, tauchen Sie ruhig, atmen Sie langsam, und

H

nähern Sie sich vorsichtig. Sie werden erleben, daß Sie so die Tiere aus allernächster Nähe beobachten, fotografieren oder filmen können.

DAS SPIEL MIT DEN FISCHEN

Das Anfassen von Tieren ist leider eine weitverbreitete Mode. Das beliebteste Objekt ist sicher der Kugelfisch. Fühlt er sich bedroht, pumpt er sich zum Schutz vor dem Feind mit Wasser voll und ist unfähig zu fliehen. Es ist nun ein leichtes, mit dem Fisch zu spielen oder Aufnahmen zu machen. Für das Tier ist dieses notfallbedingte Aufblasen aber mit großen mechanischen Belastungen für den Organismus verbunden. Studien von Meeresbiologen haben ergeben, daß ein Kugelfisch nach 15- bis 20maligem Vollpumpen stirbt. Die meisten Fische haben eine dünne Schleimschicht auf der Haut oder über den Schuppen. Sie schützt vor Schmarotzern und Parasiten. Auch wenn der Taucher noch so vorsichtig ist, kann beim Berühren und Streicheln dieser Schutz beschädigt werden. Sofort beißen sich dann an diesen Stellen die ungebetenen Gäste fest, die den Fisch zwar nicht umbringen, ihm aber Schmerzen zufügen und seine Gesundheit stark beeinträchtigen. Verletzungen der inneren Organe oder einzelner Körperteile entstehen auch, wenn Tiere mit Gewalt aus ihren Schlupfwinkeln gezerrt werden oder wenn Mollusken, wie Schnecken und Muscheltiere, angefasst oder für Aufnahmen plaziert werden.

SOUVENIRS

Das Leben im Meer sowie in anderen Gewässern ist ein hochentwickelter Kreislauf, in welchem alle Bausteine lückenlos ineinander passen. Fehlt ein Stück, ist die Funktion nicht mehr gewährleistet oder gar unterbrochen. Natürlich sind die Folgen von der Menge der entnommenen Teile abhängig. Bis zu einem bestimmten Maß kann es die Natur verkraften, ausgleichen oder regenerieren. Unzählige Beispiele beweisen aber ganz klar, daß die Reserven nicht unerschöpflich sind! Muscheln sind eine Augenweide und deshalb beliebte Sammelobjekte. Alle Arten haben aber eine wichtige Aufgabe. Sie bekämpfen andere Lebewesen, die in Überzahl der Natur schaden könnten. Ein Musterbeispiel ist die große Tritonsschnecke. Sie ist der einzige Feind der Dornenkrone *(Acanthaster planci)*, ein räuberischer Seestern, der in der Lage ist, in einem Monat bis zu sechs Quadratmeter Korallenoberfläche abzufressen. Tritonsschneckengehäuse sind leider auch begehrte Souvenirs, und deswegen sind sie weltweit fast ausgerottet. Ihrer natürlichen Feinde beraubt, hat die Vermehrung der Dornenkronen jetzt sehr stark zugenommen, was sich in Riffzerstörungen von erschreckendem Ausmaß reflektiert. Meeresschildkröten gehören heute zu den bedrohtesten Tieren und sind durch internationale Gesetze geschützt. Trotzdem werden jährlich immer noch über 50 000 dieser Tiere auf brutalste Art und Weise abgeschlachtet. Sie müssen für Ledersachen, Suppen und Steaks, Brillengestelle und Schmuckstücke, Öl, Kosmetika, Sonnencreme und vor allem für Souvenirs ihr Leben lassen. Darüber, daß Taucher heutzutage nicht mehr zu Käufern solcher Artikel gehören, besteht sicher kein Zweifel. Doch kann jeder einzelne zum Kämpfer für diese bedrohten Meerestiere werden. Klären Sie andere Touristen über diese Art von Souvenirs auf, und boykottieren Sie generell jeden Souvenirshop, der solche Produkte anbietet.

A

B

A - Das Bild zeigt den dramatischen Kampf zwischen einem Tritonshorn (Charonia tritonis) und einer Dornenkrone (Acanthaster planci), ein Seestern, der für die Zerstörung weiter Teile der Korallenriffe verantwortlich ist.

B - Die Kaurischnecken (Cyprea vitellus) wagen sich nur nachts aus ihren Verstecken heraus; tagsüber verbergen sie sich unter dem Sand oder zwischen den Korallen.

GEFAHREN, UMWELT, FISCHE UND KORALLEN

Die Gewässer der Malediven sind sehr strömungsreich. Strömungen an der Oberfläche und unter dem Wasser können den Taucher in Schwierigkeiten bringen. Als Taucher müssen wir uns bewußt sein, daß Wind, Wellen und Strömungen Naturgewalten sind, die wir respektieren müssen. Mit den Kenntnissen darüber soll unser Tauchgang geplant sowie eine vollständige Ausrüstung verwendet werden. Bei allen Tauchplätzen, die in diesem Buch vorgestellt werden, sind in dem Kapitel „Sicherheit“ spezifische Hinweise auf die dort herrschenden Bedingungen gegeben, insbesondere sind aber auch die Briefings des Tauchlehrers von großer Wichtigkeit. Vor den Lebewesen muß niemand Angst haben, vor allem die Haie, Barrakudas oder andere große Raubfische braucht man nicht zu fürchten. Es sind die kleinen Tiere, welche zum Teil auch noch gut getarnt sind und über sehr starke Gifte verfügen, die sehr gefährlich werden können. Alle diese Tiere wenden ihre Waffen aber nur passiv an. Die größte vertretene Art sind die Skorpionsfische *(Pterios volitans, Pterois radiata)* und der Steinfisch *(Synanceia verrucosa)*. Alle verfügen über spitze Stacheln am Rücken, die sich bei Berührung tief ins Fleisch bohren und dann ihr Gift, ein Neurotoxin, injizieren. Die Folgen sind: sofortiges Unwohlsein, sehr starke Schmerzen, Anschwellen des betreffenden Gliedes, Herz- und Atembeschwerden, starkes Schwitzen und Fieber. Es ist wichtig zu wissen, daß Neurotoxin durch Hitze unschädlich gemacht werden kann. Eintauchen des betroffenen Gliedes in sehr heißes Wasser oder Auflegen von sehr heißen Umschlägen kann die Folgen der Verletzung erheblich verringern. Wenn sich der Taucher aber richtig verhält, ist die Gefahr, sich an einem Fisch zu verletzen, gleich null! Quallen und Anemonen können stark nesseln. Dazu kommen noch einige Korallen der Klasse Hydrozoa. Die gelbe Feuerkoralle verfügt über Kapseln, aus welchen Tausende von winzigen, giftigen Pfeilen abgeschossen werden. Nicht alle Menschen reagieren auf diese Gifte gleich. Verbrennt man sich an diesen Lebewesen, sollte man sofort die Haut mit Meerwasser gut abwaschen und Cortisonsalbe auftragen.

C

C - Der Steinfisch (Synanceia verrucosa) ist ein Meister der Tarnung und das giftigste Lebewesen der Unterwasserwelt. Auf dem Rücken hat er zwölf Stacheln, die ein sehr starkes, teilweise sogar tödliches Gift absondern. Der Steinfisch bedient sich seiner Waffen jedoch nur zur Verteidigung.

D

D - Der Skorpionsfisch (Pterois radiata) schwimmt mit breit geöffneten Brustflossen und treibt so seine Opfer in die Enge.

E

E - Die roten Feuerkorallen wurden 1983 zum ersten Mal auf den Malediven entdeckt. Man denkt, daß sie aus den Gewässern der Philippinen stammen, kann sich jedoch nicht erklären, wie die Larven eine so lange Reise zurückgelegt haben können.

UW-FOTOGRAFIE

Bei der vielfältigen Unterwasserwelt auf den Malediven und der Farbenpracht der Fische und Korallen, drängt es sich fast auf, diese Schönheiten mit der Kamera festzuhalten. Mit der Kamera in der Hand wird der Taucher alles genauer beobachten, das Verhalten der Tiere besser verstehen lernen und ganz allgemein die Unterwasserwelt intensiver erleben. Heute gibt es moderne und einfach zu bedienende Unterwasserkameras auf dem Markt, welche qualitativ hochwertige Bilder liefern. Am populärsten sind Amphibienkameras, wie die Motormarine und die Nikonos. Ebenfalls können moderne, automatische Landkameras in speziell dafür gefertigte Gehäuse eingebaut werden. Die Gewässer der Malediven bieten die besten Voraussetzungen für die UW-Fotografie. Vor allem ist die Transparenz des Wassers ein wichtiger Faktor für gute Aufnahmen. Auf den Malediven gibt es zwar auch Tage oder Jahreszeiten, bei denen die Wasserklarheit nicht optimal ist, aber es kommt selten vor, daß das Fotografieren wirklich unmöglich ist. In der Regel hat der Fotograf fast eine Garantie für ideale Bedingungen. Das Umgebungslicht spielt ebenfalls eine große Rolle. Es wäre falsch zu glauben, daß die Verwendung eines Blitzlichtes das Sonnenlicht überflüssig macht. Vor allem bei der Weitwinkelfotografie ist das Sonnenlicht fast unumgänglich. Auf den Malediven findet der Fotograf die besten Motive und Objekte schon in den oberen Regionen, das heißt von einem Meter bis 20 Meter Tiefe. Hier gibt es immer noch genügend Umgebungslicht, das dem Fotografen neben den Farben des Blitzlichtes noch einen schönen blauen Hintergrund auf die Bilder zaubert. Diese Umweltbedingungen erlauben dem Fotografen, Filme mit normaler Empfindlichkeit zu verwenden. Beste Resultate bringen Filme mit 100 ASA. In den Gewässern der Malediven hat sich der Film Fuji RDP gut bewährt. Er gibt das schönste Blau und das leuchtendste Rot wieder. Wie schon erwähnt ist ein UW-Blitzgerät nötig, um farbenprächtige Bilder zu erhalten. Da die Dichte des Wassers die Farbanteile des Sonnenlichtes ausfiltert, würden ab drei bis vier Meter selbst die buntesten Fische und Korallen in einem faden Blaugrün auf unseren Aufnahmen erscheinen. Alle, die mit dem Schnorchel tauchen und nur in den oberen Wasserschichten bis zu fünf Meter Tiefe fotografieren, erhalten mit dem speziellen „Underwater Film“ von Kodak die besten Bilder. Dieser Film ist sehr rotempfindlich und verstärkt deshalb den noch verbleibenden Rotanteil des Lichtes unter Wasser. Zusammen mit dem Blitzlicht darf dieser Film natürlich nicht verwendet werden, da die Aufnahmen dann zu rot werden. Die Aufnahmemöglichkeiten in den Gewässern der Malediven sind unendlich und für den engagierten Fotografen eine nie endende Herausforderung. Landschaftsaufnahmen mit Tauchern oder Fischschwärmen, die über dem Riff stehen, sind immer spektakulär. Auch wenn Sie eines der in diesem Buch beschriebenen Wracks betauchen, lohnt es sich, die Kamera dabei zu haben. Für solche Szenarien muß ein Weitwinkelobjektiv verwendet werden. Am besten eignen sich dazu natürlich Objektive mit Brennweiten von 20 bis 14 mm. Mit einem Objektiv mit normaler Brennweite müßte sich der Fotograf nämlich zu weit vom Motiv entfernen, um es voll auf sein Format zu bringen. Die Lichtstrahlen müssen jetzt zu weit durch das Wasser wandern, und das Ergebnis wären kontrastlose und blaugrüne Bilder. Neben dem Vorteil der kurzen Aufnahmedistanzen bestechen solche Weitwinkel- oder Fisheye-Objektive auch durch eine enorme Tiefenschärfe über das ganze Bild. Für weniger große Objekte, Taucheraufnahmen und kleinere Fischschwärme sind Brennweiten von 20 bis 28 mm ideal. Hält der Fotograf Aufnahmedistanzen von 0,8 bis 1,5 m ein, bekommt er scharfe, kontrastreiche und absolut farbechte Aufnahmen. Für Einzelfische, Anemonen mit Clownfischen, Ausschnitte aus Korallenformationen und Schwämme werden am besten Objektive mit einer Brennweite von 35 bis 50 mm verwendet. Bei solchen Objektiven ist die Tiefenschärfe nicht sehr groß. Der Fotograf muß deshalb darauf achten, mindestens eine Blende von 8 oder 11 zu wählen, was bedeutet, daß die Aufnahmedistanzen ca. einen Meter betragen sollten.

C

A

B

A - Der abgebildete Fotograf hat eine Nikonos V mit einem 14-mm-Objektiv. Er benutzt zwei Blitzlichter, um eine bessere Lichtverteilung zu erhalten.

B - Die großen Napoleonfische (Cheilinus undulatus) zeigen sich von den Tauchern nicht eingeschüchtert und sind deshalb bevorzugte Objekte der Fotografen.

Die faszinierende Welt der Nah- und Makrofotografie sollte von keinem UW-Fotografen vergessen werden. An, auf und in den Korallen leben unzählige niedere Tiere. Details von Weichkorallen, von Anemonen und Schwämmen und die vielen Schleimfische und Grundeln gehören ebenfalls zu idealen Makromotiven. Die Technik, um diese kleinen bis kleinsten Objekte abzulichten, ist – das richtige Zubehör vorausgesetzt – sehr einfach. Je nach verwendeter Kamera werden dazu Vorsatzlinsen, Zwischenringe oder spezielle Makro-Objektive verwendet. In Verbindung mit einem TTL-Blitzgerät hat der Fotograf die Garantie, daß seine Bilder richtig belichtet sind. Im Salzwasser muß die Unterwasser-Fotoausrüstung besonders gut gepflegt werden. Nach dem Tauchen soll die Kamera nicht nur gewaschen, sondern etwa zehn Minuten lang in fließendes Süßwasser gelegt werden. Nur so werden Sandpartikel und Salzkristalle von den Durchführungen und O-Ringen abgelöst. Um sicher zu sein, daß die Kamera und das Blitzgerät absolut dicht sind, muß der O-Ring bei jedem Filmwechsel kontrolliert werden. Den O-Ring befreit man von Rückständen, indem er durch die Finger gezogen wird. So können auch etwaige Beschädigungen lokalisiert werden. Die O-Ringnut reinigt man mit einem Papiertaschentuch. Schwarze Neopren-O-Ringe dürfen nur leicht gefettet werden, orangefarbene Silikon-O-Ringe brauchen dagegen sehr viel Fett, damit sie gut abdichten. Für den Transport im Flugzeug, bei Transfers und auf dem Tauch-Dhoni wird die Ausrüstung am besten in einem schlagfesten und mit Schaumstoff ausgefüllten Kunststoffkoffer– z. B. Pelicase – verstaut. Decken Sie sich auf jeden Fall mit genügend Filmen ein. Vergessen Sie auch nicht, Ersatzbatterien, Reserve-O-Ringe und Pflegematerial mitzunehmen.

C - Auch die modernen Spiegelreflexkameras können für den Unterwassereinsatz ausgerüstet werden. Der abgebildete Fotograf hat eine Sea & Sea-Spiegelreflexkamera und ein Sea & Sea-TTL-Blitzlicht.

D - Die Soldatenfische (Myripristis murdjan) zeigen ihre leuchtendrote Farbe unter dem Blitzlicht.

D

E

F

E - Dieser Taucher benutzt für eine Makroaufnahme eine Motomarine II.

F - Nach einem aufregenden Tauchgang wird die Fotoausrüstung für weitere Expeditionen vorbereitet.

NORD-MALE-ATOLL - *DAS WRACK DER MALDIVE VICTORY*

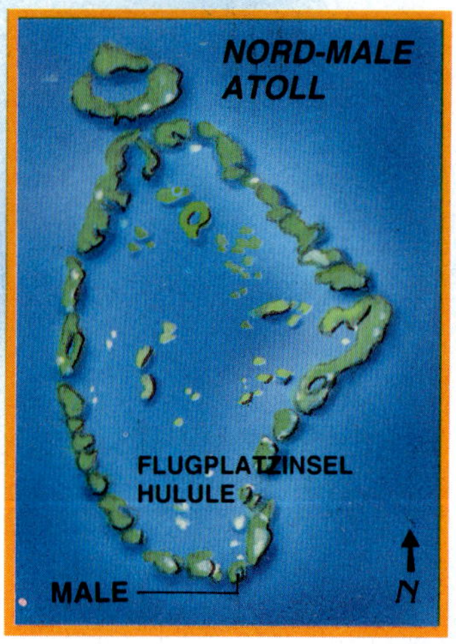

FLUGPLATZINSEL
HULULE
LANDEBAHN
WRACK

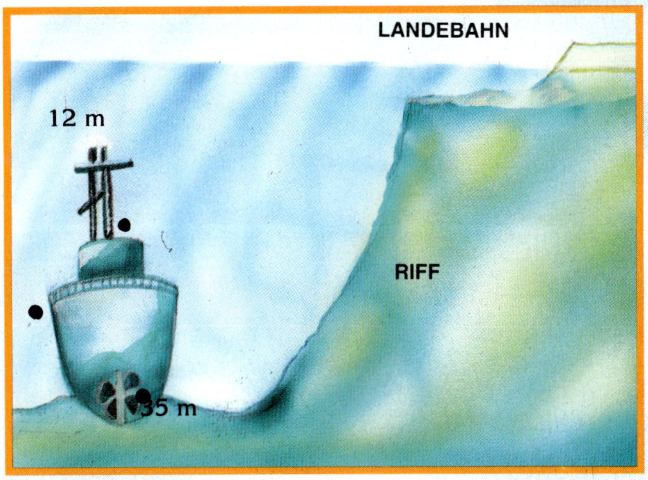
LANDEBAHN
12 m
RIFF
35 m

A

B

LAGE

Das Wrack der Maldive Victory liegt an der Westseite der Flugplatzinsel Hulule, genau gesagt beim südlichen ersten Viertel der Landebahn. Das Wrack liegt aufrecht, mit dem Bug nach Norden, parallel zum Riff, in 35 m Tiefe auf Sandgrund.

GESCHICHTE

Es war der 13. Februar 1981, ein Freitag, als in den frühen Morgenstunden der 35 000-Tonnen-Frachter mit beinahe voller Geschwindigkeit in das südliche Ende der Flugplatzinsel krachte. Da das Schiff nicht mit Schotten ausgestattet war, sank es trotz des relativ kleinen Lecks innerhalb einiger Stunden. Verletzt wurde niemand. Die Crew und die wenigen Passagiere konnten sich auf die nur 30 m entfernte Landebahn retten. Der nur zehn Jahre alte Frachter kam von Singapur und war vollbeladen mit Gütern, die vor allem für die Tourist-Resorts bestimmt waren. Jetzt, wo die lang erwarteten Lebensmittel, Alkohol und Baumaterial auf dem Meeresgrund lagen, herrschte Panik, und so schnell wie möglich wurden Bergungsteams mit einheimischen Tauchern, aber vor allem mit den Tauchlehrern der benachbarten Inseln, gebildet. Viele der Güter wurden in den folgenden Tagen geho-

A, B, C, D, - Am 13. Februar 1981 lief die Maldive Victory aufgrund ihrer zu hohen Geschwindigkeit am Hafen von Male vorbei und auf das die Insel Hulule umgebende Riff auf. Der Frachter sank innerhalb weniger Stunden mit der gesamten Ladung. Wir tauchten nur wenige Stunden später zum Wrack hinunter, und diese Aufnahmen dokumentieren eine zweifellos eigenartige Situation: Die Aufbauten und Frachträume waren absolut unversehrt, und man hatte keinesfalls den Eindruck, sich auf einem Wrack zu befinden.

C

D

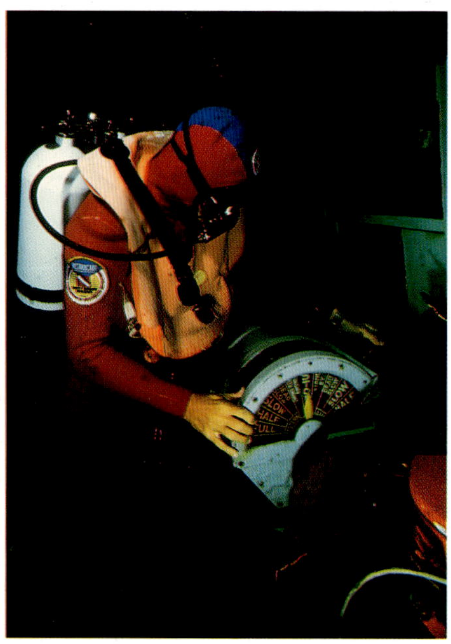

ben. Das meiste war durch Salzwasser unbrauchbar geworden, und der Schaden war sehr groß. Tausende von Weinflaschen und andere Getränke waren mit Meerwasser verdünnt, da der Druck auf 35 m Tiefe die Korken hineingepreßt oder die Verschlüsse undicht gemacht hatte. Auch zwei neue Autos, die auf Deck transportiert worden waren, wurden zu Wracks. Noch heute finden Taucher in den Laderäumen immer wieder Teile der Ladung, die verstreut in dem 110 m langen Wrack herumliegen.

F

E - Als ständiges Mahnzeichen für die Fehler und Schwächen des Menschen hebt sich der Bug der Maldive Victory gegen den Hintergrund ab.

E

G

H

F, G - Wo nun die Natur herrscht, erteilte der Kapitän der Maldive Victory einst seiner Mannschaft die Befehle. Überall schwimmen Fische, und sämtliche Schiffsaufbauten sind von Korallen überzogen.

H - Der breite Bug des Wracks ragt ins offene Meer hinaus. Das 35 000-Tonnen-Frachtschiff hat eine Länge von 110 m. Beim Untergang beförderte es zwei neue Autos, Baumaterial, Lebensmittel und Spirituosen für die Feriendörfer.

TAUCHEN

Die Position des Wracks ist mit einer Boje gekennzeichnet, an der die Tauchboote festgemacht werden können. Starke Strömungen zwischen Male und Hulule machen meist das Auf- und Abtauchen an einem Seil notwendig. Normalerweise beginnen die Teams beim Großmast, der zwölf Meter hoch aufragt.

A

B

A, B - Die Metallaufbauten des Frachtschiffes sind nach über zehn Jahren unter Wasser stark von Korallen verkrustet und fügen sich auf harmonische Weise in die Unterwasserlandschaft ein.

C

D

Unten auf dem Deck ist der Taucher durch die Aufbauten vor der Strömung geschützt.
Die Laderäume sind weit offen und können betaucht werden. Im Steuerhaus ist nicht mehr viel übrig, alle technischen Geräte wie Kompasse, das Steuerrad, ja sogar der Maschinentelegraph, der zehn Jahre lang als Fotomotiv hergehalten hatte, sind jetzt verschwunden. Für die Erkundung der Innenräume, die durch große Korridore und über Treppen erreicht werden, ist eine gute Lampe und die Führung eines Divemasters notwendig, wenn man das Wrack nicht in- und auswendig kennt.

LEBEWESEN

Schon in den ersten Stunden nach dem Untergang haben sich bei und in dem Wrack der Maldive Victory viele Fische angesiedelt. Über zehn Jahre schon patrouilliert ein großer Schwarm von Fledermausfischen *(Platax teira)* um die Aufbauten. Über dem Deck stehen Barrakudas (*Sphyraena sp.)*, und Napoleonfische *(Cheilinus undulatus)* begleiten den Taucher am Wrack. Große Schulen von Füsilierfischen *(Caesio sp.)* ziehen durch das Wasser. In den Röhren, Gängen und Nischen findet der Taucher alle Arten von Tieren, wie sie auch am Riff, in Grotten und Höhlen anzutreffen sind. Bei vielen Tauchgängen wurde immer wieder eine große Meeresschildkröte *(Eretmochelys imbricata)* beobachtet, die an der Bugspitze der Maldive Victory schläft.

SICHERHEIT

Die Abstiege zur Maledive Victory können als „Advanced Dive“ klassifiziert werden. Die Tiefe von 25 m auf dem Deck bringt keine Probleme, aber viel Planung und Technik ist erforderlich, um mit der manchmal sehr starken Strömung fertig zu werden. Es ist unbedingt notwendig, an der Leine abzutauchen und auch wieder aufzutauchen. Das Wrack ist 110 m lang. Der

C - Im Wrack der Maldive Victory haben sich zahlreiche Fische angesiedelt, darunter viele Fledermausfische (Platax teira), Napoleonfische (Cheilinus undulatus), Barrakudas (Sphyraena sp.) und große Schwärme von Füsilierfischen (Caesio sp.).

D - Der Tauchgang auf einem Wrack ist immer ein ganz besonderes Erlebnis, das um so aufregender ist, je besser man die Geschichte und die Ereignisse kennt, die sich beim Untergang des Schiffes zugetragen haben. Dann füllen sich das hastig verlassene Deck und die Frachträume mit Leben, und das Schiff erscheint in einem anderen Licht.

E - Ein Tauchgang zur Maldive Victory hinab kann nur besonders erfahrenen Tauchern empfohlen werden, nicht so sehr aufgrund der Tiefe und Lage des Frachtschiffes, sondern vielmehr wegen der starken Strömungen, die einige Probleme bereiten können.

F, H - Die Natur hat sich auch der Motorwinde bemächtigt, deren Form jedoch unter den Madreporenkonkretionen noch zu erkennen ist.

G - Der Größenvergleich mit dem Taucher ermöglicht es, die riesigen Abmessungen der Schiffsschraube ungefähr zu schätzen; sie liegt auf 35 m Tiefe an der tiefsten Stelle des Schiffswracks.

Taucher kann sich deshalb anhand der Zeichnung in diesem Buch einen exakten Plan zurechtlegen, damit er, seinem Luftverbrauch und der Tauchzeit entsprechend, seinen Tauchgang am Bojenseil sicher beenden kann. Vorsicht: Das Wrack ist mit scharfen Muscheln und nesselnden Hydroiden bewachsen. Auch an vorstehenden Eisenteilen kann der Taucher sich verletzen.

UMWELTSCHUTZ

Wenn auch versunkene Schiffe tote Materie sind, verwandeln sie sich im Laufe der Jahre in künstliche Riffe. Im Prinzip gelten auch da die gleichen Gesetze wie am Korallenriff. Genügend Abstand halten und beim Durchtauchen von Engpässen aufpassen, daß mit den Flossen kein Korallenbewuchs zerstört wird. Im Gegensatz zum Tauchen an Korallenriffen, ist beim Besuch der Maldive Victory das Tragen von Schutzhandschuhen erlaubt.

E

F

G

H

FOTOGRAFIE

Um so viel wie nur möglich von dem Wrack auf das Bild zu bekommen, muß ein vollformatiges Fisheye oder ein Superweitwinkelobjektiv mit 14-mm- oder 15-mm-Brennweite verwendet werden. Für kleinere Ausschnitte oder Tieraufnahmen können alle anderen Brennweiten benutzt werden. Empfehlenswerte Einstellung: Großmast mit Taucher im Gegenlicht und natürlich die riesige Schiffsschraube, mit dem Tauchpartner als Größenvergleich.

KUDAHAA - RAINBOW

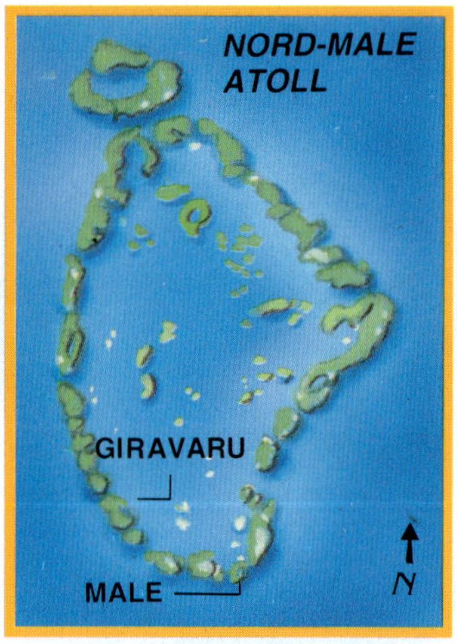

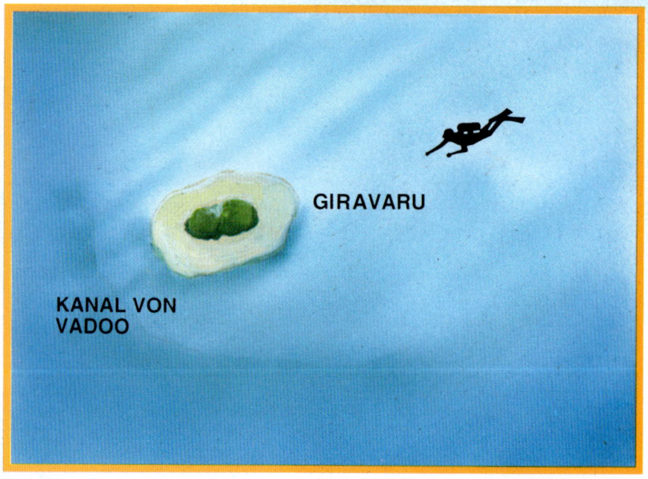

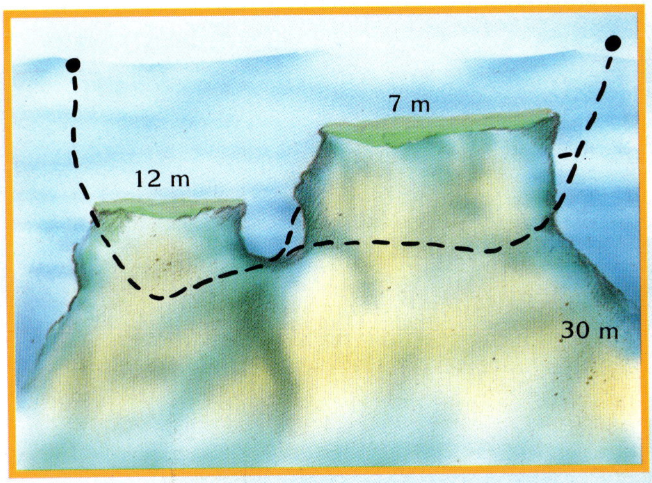
7 m
12 m
30 m

LAGE

Rainbow liegt an der Südwestseite des Nord-Male-Atolls, am Innenriff. Die benachbarte Insel ist Giravaru. Der Tauchplatz besteht aus zwei Thilas, die über eine Distanz von ca. 60 m unter der Wasseroberfläche liegen. Rund um die beiden fast kreisrunden Plateaus, die bis sieben und zwölf Meter unter die Oberfläche reichen, fällt der Grund steil auf 30 m Tiefe ab.

A

B

A - Zahlreiche Muränen haben ihre Wohnhöhlen in den Grotten und Spalten des Riffs. Auf dem Bild erkennt man eine Riesenmuräne (Gymnothorax javanicus), die in den Gewässern der Malediven sehr verbreitet sind.

B - Die kleinen Anthias (Pseudanthias squamipinnis) sind weitere Farbtupfer in dem bunten Farbenmeer des Riffs.

C

TAUCHEN

Am Rainbow muß das Tauchboot nicht festgemacht werden. Die Strömungen sind selten stark, und es ist fast immer möglich, beide Thilas zu umschwimmen. Da die Riffplatte auf sieben Meter liegt, muß der Sicherheitshalt von drei Minuten auf fünf Meter im freien Wasser oder am Parachut gemacht werden. Der Platz ist für alle Erfahrungsstufen ideal.

LEBEWESEN

Die Unterwasserwelt ist extrem farbenprächtig. Der Grund dafür sind die vielen tausend Fahnenbarsche *(Pseudanthias squamipinnis)*, die die Korallenstöcke auf der Riffplatte und die harten, grünen Geweihkorallen an den Steilwänden umschwirren. Auf der Riffkante wachsen enorme Tischkorallen, und nicht selten schlafen große Ammenhaie *(Nebrius ferrugineus)* darunter.

D

C - Der Korallenbarsch (Cephalopolis miniata) ist ein gefürchteter Raubfisch, der sich vorwiegend von Glasfischen und Anthias ernährt.

D - Wie seine Artgenossen hat auch dieser Gestreifte Drückerfisch (Balistapus undulatus) eine besondere Form, die ihn von den anderen Fischen unterscheidet. Der Kopf nimmt etwa ein Drittel der Körpergröße ein, und mit dem kräftigen Gebiß kann der Fisch mühelos die Schalen der Weichtiere, der Krebse und der Seeigel knacken.

E

Große Muränen *(Gymnothorax javanicus)* sind ebenfalls auf dem Riff in den vielen Korallenblöcken zu finden. Rund um die beiden Thilas stehen unzählige blaue Drückerfische *(Pseudobalistes fuscus)* mit dem Kopf zum Riff und verschwinden bei Annäherung eines Tauchers blitzschnell in ihrem Loch, nur der Schwanz ist noch zu sehen. Große Meeresschildkröten *(Eretmochelys imbricata)* sind keine Seltenheit.

UMWELTSCHUTZ

Besondere Vorsicht ist an den Abhängen geboten, wo dichtgedrängt die harten, grünen Geweihkorallen stehen. Deshalb soll auf perfekte Tarierung und genügend Abstand zum Riff geachtet werden. Wir erinnern weiterhin daran, daß die Muränen *(Gymnothorax sp.)* zwar häufig sehr zahm sind, aber ein direkter Kontakt mit ihnen sollte wohl besser vermieden werden, denn man kann dem Fisch ungewollt Schaden zufügen.

E - Ein breiter, von den allgegenwärtigen Anthias umrundeter Korallenfächer hebt sich gegen die Meeresoberfläche ab.

F - Ein Schwarm Seebrassen (Chromis viridis) schwebt am Riff in der Nähe einer Acropora-Koralle.

G - Die Fangarme einiger großer Seeanemonen wiegen sich im Rhythmus der Strömung.

H - Anemonenfische (Amphiprion nigripes) und Seeanemonen sind ein typisches Beispiel für die Symbiose zweier verschiedener Arten: Der Anemonenfisch findet Zuflucht und Schutz zwischen den für alle anderen Fische stark nesselnden Fangarmen der Anemone.

F

G

I

H

Das gleiche gilt für die Ammenhaie *(Nebrius ferrugineus)* und die Meeresschildkröte *(Eretmochelys imbricata)*.

FOTOGRAFIE

An diesem Platz kann der Fotograf vom Fisheye bis zum Makroobjektiv alle Brennweiten erfolgreich einsetzen. Empfehlenswertes Motiv: Landschaftsaufnahmen mit den unzähligen roten Fahnenbarschen *(Pseudanthias squamipinnis)*.

I - Ein harmloser Ammenhai (Nebrius ferrugineus) schläft auf dem Meeresboden, geschützt zwischen zwei Felsvorsprüngen.

BODU BANANA - BANANA REEF

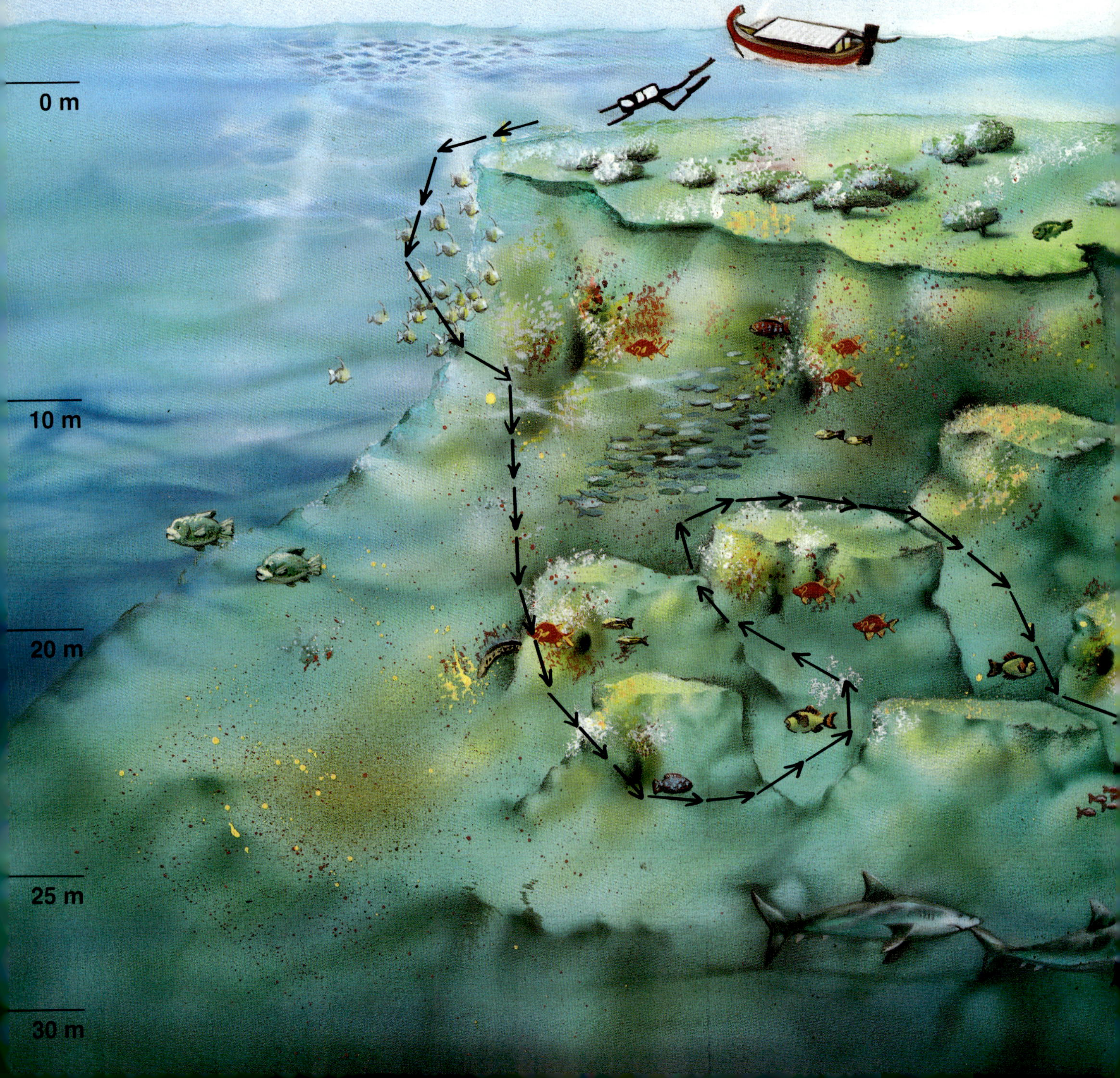

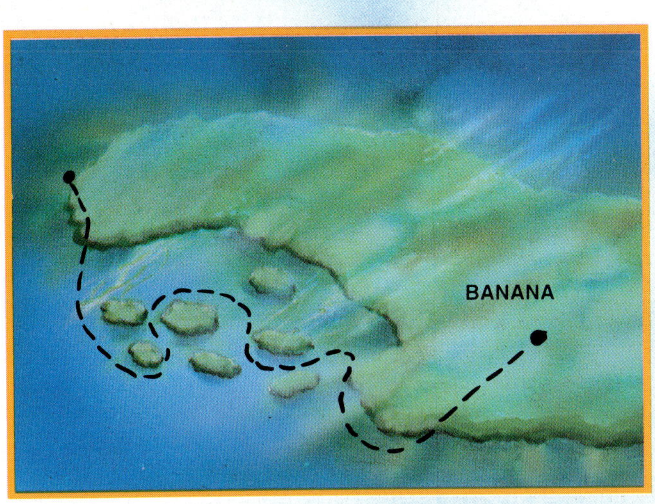
BANANA

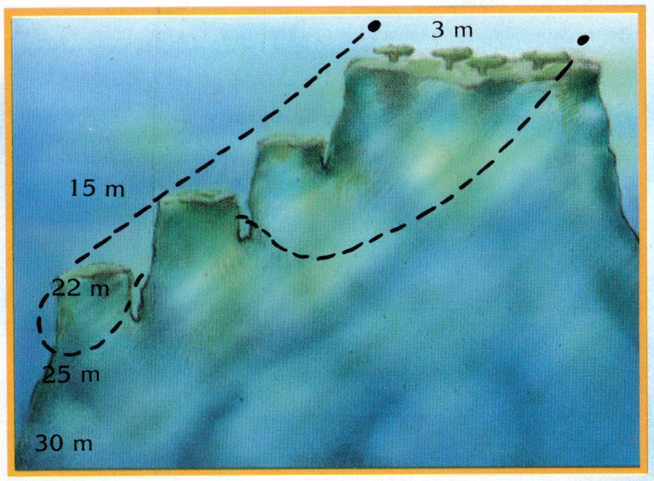
3 m
15 m
22 m
25 m
30 m

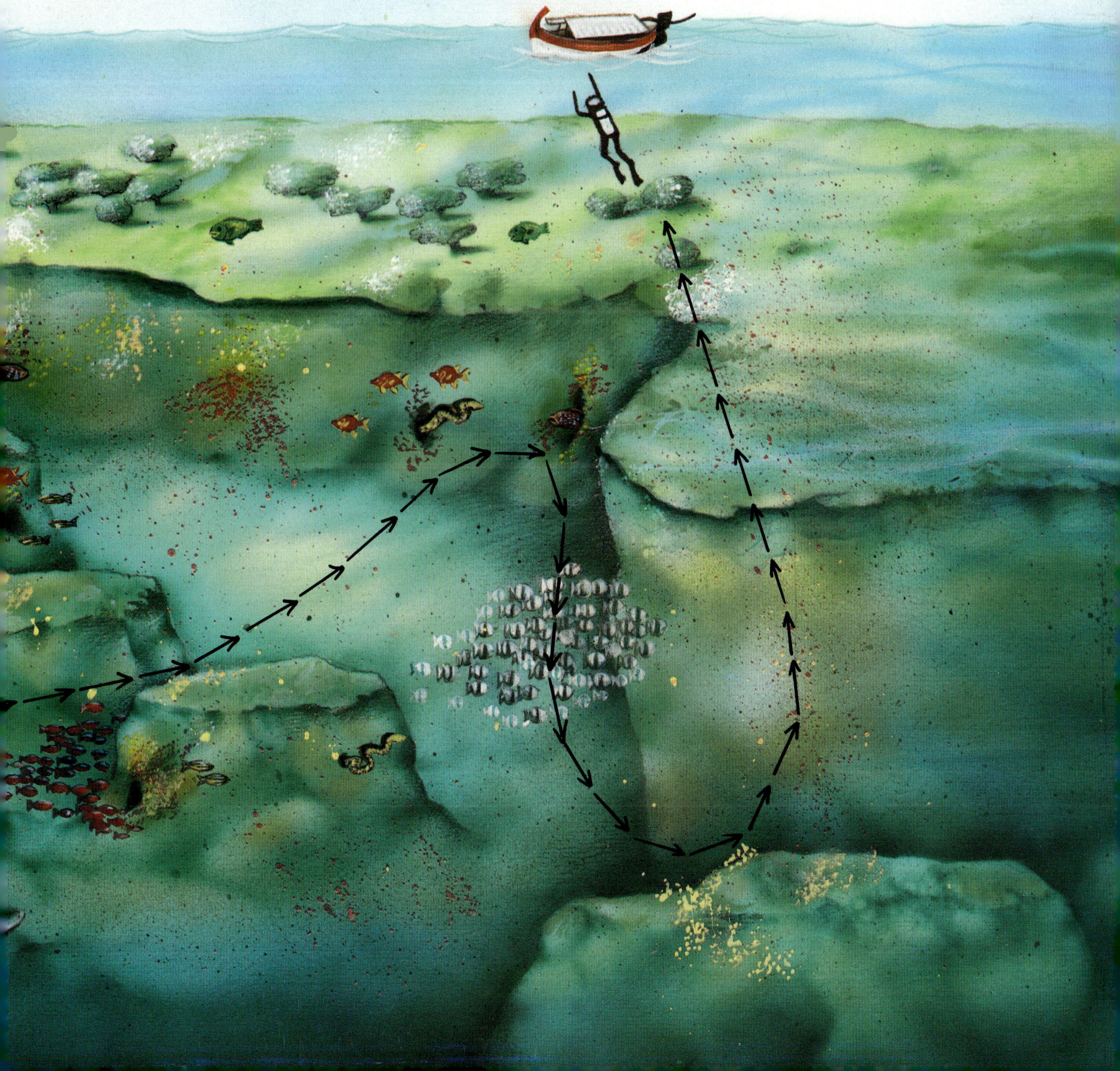

LAGE

Banana Reef liegt an der Ostseite des Nord-Male-Atolls, am Innenriff. Die benachbarten Inseln sind Fullmoon Island, Farukolhufushi und Kurumba. Das langgezogene Riff zieht sich von Nordosten über eine Länge von ca. 300 m nach Süden. Es hat die klassische Form einer Banane. Seit der Tauchtourismus vor 20 Jahren genau in diesem Teil des Nord-Male-Atolls begann, ist Banana Reef ein Begriff. Wie an vielen anderen Plätzen auf den Malediven, hat auch hier die Taucherei keinen negativen Einfluß auf die Fischwelt ausgeübt. Im Gegenteil, es scheint, daß am Banana Reef Jahr für Jahr mehr Fische zu sehen sind. Die Riffplatte liegt auf einer Höhe von drei Meter und fällt auf der Westseite steil auf 30 m und noch tiefer ab. Die Westseite ist auch der beste Tauchgrund. Hier stehen auch die sieben großen Korallenblöcke, die eine phantastische Landschaft bilden.

A

B

TAUCHEN

Am Banana Reef werden nur Driftdives durchgeführt. Der enorme Fischreichtum und der vielfältige Korallenbewuchs sind natürlich auf die fast ständig herrschende Strömung zurückzuführen, die ebenfalls die Richtung beim Tauchen bestimmt. Auch bei starker Strömung ist es möglich, im Strömungsschatten der Höhle und der großen Korallenfelsen zu verweilen.

C

LEBEWESEN

Die Attraktion ist bestimmt eine Schule von 500 oder noch mehr Wimpelfischen *(Heniocus diphreutes)*, die meistens auf der nordöstlichen Seite steht. Früher wurden am Banana Reef Haie gefüttert, aber auch ohne Köderfische kann der Taucher, die richtige Strömung vorausgesetzt, immer Grauhaie *(Carcharhinus amblyrhynchos)* sehen. Regelmäßig folgen Napoleonfische

A - Wie viele andere Fische wird auch der Korallenbarsch (Cephalopolis miniata) von zahlreichen Parasiten gestört. Mit ihren spitzen Zangen entfernen die Putzergarnelen diese unerwünschten Gäste.

B - Beim Banana Reef trifft man häufig auf kapitale Napoleonfische (Cheilinus undulatus), die bis zu zwei Meter lang werden und 170 kg wiegen können.

C - Hier ist eine Riesenmuräne (Gymnothorax javanicus) in ihrer Höhle abgebildet.

D - Wo die Strömung am stärksten und die Planktonnahrung am reichhaltigsten ist, bieten sich günstige Lebensbedingungen für die Entwicklung von Gorgonien und Weichkorallen.

E - Ein Schwarm Eichhörnchenfische (Sargocentron spiniferum) sucht an der Riffwand Zuflucht.

F - Die jungen Exemplare des Kaiserengelfisches (Pomacanthus imperator) weisen eine dunkelblaue Farbe mit hellen, konzentrischen Streifen auf, die mit einem geschlossenen Ring am Schwanzfortsatz enden.

D

E

F

(Cheilinus undulatus) dem Taucher. Zwischen den Korallenfelsen stehen Schwärme von Orient-Süßlippen *(Plectorhynchus orientalis)*. In den Höhlen sitzen eindrucksvolle Muränen *(Gymnothorax sp.)*, und im freien Wasser wimmelt es von Schwarmfischen, allen voran Hunderte von stahlblauen Füsilierfischen *(Caesio lunaris)*. Rote Soldatenfische *(Myripristis murdjan)* stehen dicht gedrängt unter den Überhängen, wo man auch Zackenbarsche von über einem Meter Länge findet.

SICHERHEIT

Je nach Jahreszeit, Wetter, Flut und Ebbe können am Banana Reef extrem starke, ja gefährliche Strömungen auftreten. Das Wasser brodelt an der Oberfläche. Am stärksten wirkt die Strömung an der sogenannten Waschmaschine. An dieser auf der Zeichnung gut ersichtlichen Einbuchtung am Riff treten vertikale Strömungen auf, die den Taucher bis auf 30 m Tiefe hinunterdrücken können. In solchen Momenten gilt es Ruhe zu bewahren, denn der Fahrstuhl wird ihn unten wieder in das ruhige Wasser ausspucken. Da die Strömung die Taucher am Ende des Riffs ins freie Wasser zieht, muß jedes Team einen Parachut mitführen. Nur so können sie von der Bootscrew sicher geortet werden.

UMWELTSCHUTZ

Die Fische zeigen hier überhaupt keine Scheu vor dem Taucher. Auch wenn es einfach wäre, Muränen *(Gymnothorax sp.)* oder Napoleonfische *(Cheilinus undulatus)* anzufassen, sollte dies unterbleiben. Wie Sie auf den ersten Seiten dieses Buches erfahren haben, erweisen wir unseren beschuppten Freunden damit keinen Dienst. Halten Sie auch als Fotograf oder Filmer immer genauen Abstand zum Riff, damit keine Korallen zerstört werden.

FOTOGRAFIE

Da an diesem Platz die Fische überhaupt keine Angst vor dem Fotografen zeigen, lassen sich hier – gute Strömungsbedingungen vorausgesetzt – hervorragende Tieraufnahmen machen. Empfohlene Brennweiten: 28 mm bis 50 mm. Achtung: Starke Strömung macht ein ruhiges Fotografieren unmöglich. Selbst ein umweltbewußter Fotograf kann sich in den Korallen verkeilen und für ein Bild die Unterwasserwelt zerstören.

A

B

A - Eine große Schule von Soldatenfischen (Myripristis vittata) und die reichverzierten Wände einer Grotte sind ideale Objekte für den Unterwasserfotografen.

B - Weichkorallen gehören zu den schönsten, szenographischen Elementen des Riffs; sie bilden richtige Unterwassergärten mit den unglaublichsten Farben.

C

C - Ein riesiger Gorgonienfächer (Gorgonia ventalina) löst sich von der Korallenwand ab und ragt etwa zwei Meter weit ins Meer hinaus. An seinen Astspitzen haben sich einige rote, flaumige Federsterne sanft niedergelassen.

D

F

E

D - Zwei Grauhaie (Carcharhinus amblyrhynchos) auf der Suche nach Beute im Riff.

E - Der Engelfisch mit blauem Maul (Pomacanthus xanthometopon) lebt allein oder paarweise, und er ernährt sich vorwiegend von Schwämmen.

F, G - Die Blaustreifen-Schnapper (Lutjanus kasmira) mit den vier hellblauen Streifen stehen normalerweise an den Riffwänden, wo sie ständig auf Nahrungssuche sind.

H - Die großen Schwärme von Falterfischen (Heniochus diphreutes) gehören zu den typischen Elementen, die den Taucher am Banana Reef ständig begleiten; Schwärme mit bis zu 500 Exemplaren kann man vor allem an der Nordspitze des Riffs antreffen.

G

H

OKOBE THILA - BARRACUDA GIRI

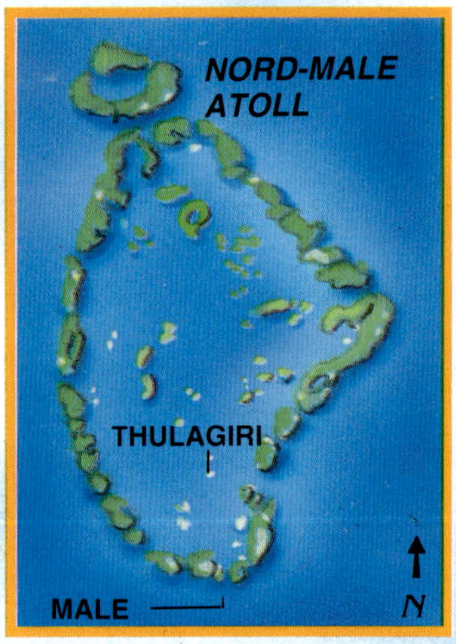

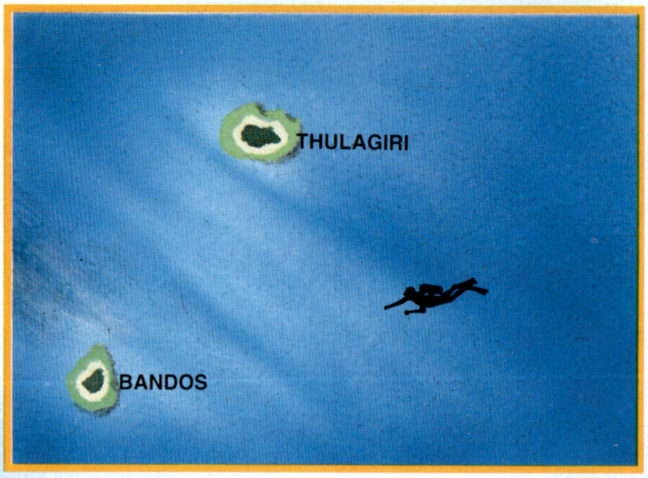

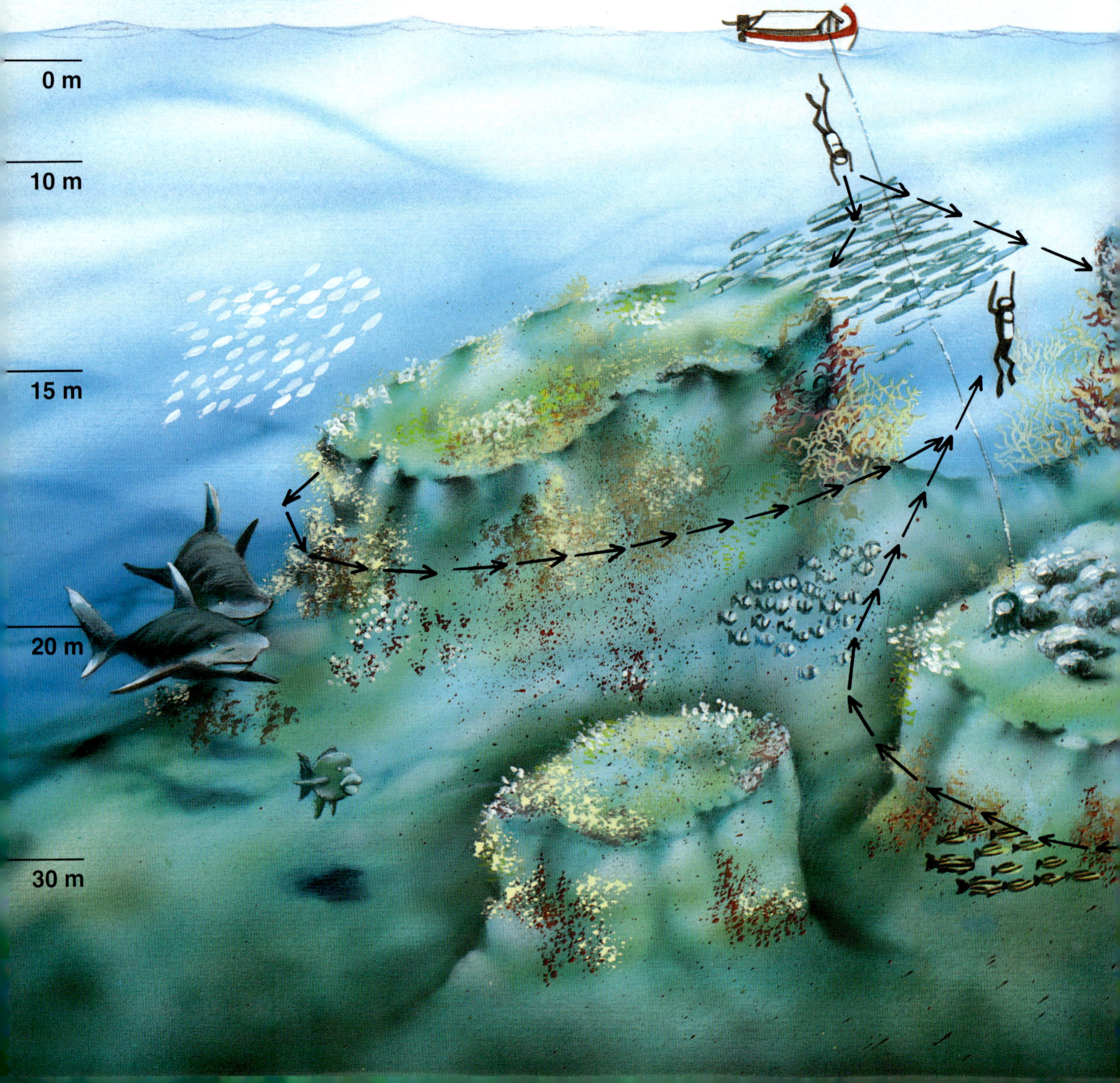

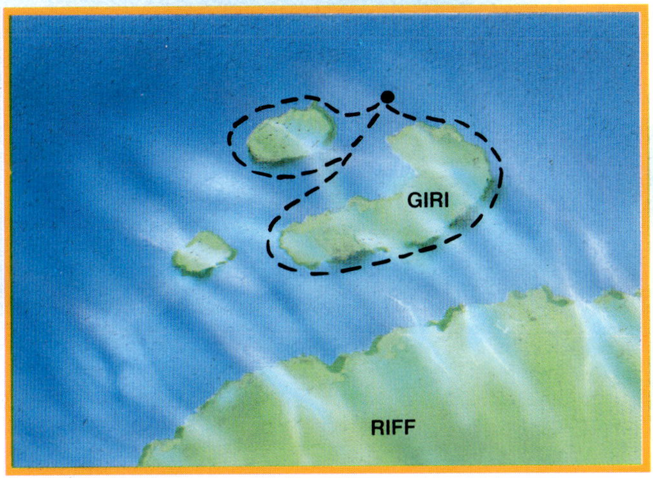
GIRI
RIFF

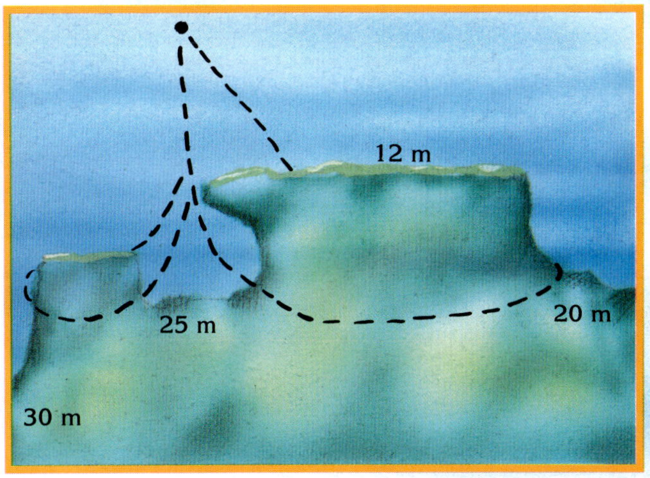
12 m
25 m
20 m
30 m

LAGE

Barrakuda Giri liegt im Nord-Male-Atoll, nordnordöstlich von Bandos und südsüdöstlich von Thulagiri. Die beiden Thilas sind einem Riff vorgelagert und reichen bis zwölf respektive 14 Meter unter die Oberfläche. Die Ostseite fällt steil auf 30 m ab. In die anderen Richtungen verläuft der Meeresboden in 20 bis 25 m Tiefe. Das eigentliche Riff ist erst ca. 100 m weiter westlich zu finden. Das größere Thila hat eine Länge von ca. 80 m und das kleinere von ca. 40 m. Bei wenig Strömung ist es möglich, alle beide zu umrunden. Der Canyon zwischen den Thilas fällt auf ca. 25 m ab und ist ca. 30 m breit.

TAUCHEN

Das Tauchen konzentriert sich nur auf diesen Platz. Das Tauchboot wird in der Regel an einer dort befindlichen Schlinge festgemacht. Da deshalb zum Boot zurückgekehrt werden muß, wird der Tauchgang gegen die Strömung geplant. Im Canyon wird sie am stärksten sein. Bei guter Strömung bietet Barrakuda Giri spektakuläre Tauchgänge, ist unter solchen Bedingungen aber nur für Taucher der „Advanced"-Stufe empfehlenswert.

A

A - Fledermausfische (Platax teira) sind im ganzen Archipel der Malediven verbreitet.

B

B - Einige große Orient-Süßlippen (Plectorhynchus orientalis) begleiten einen Taucher.

C

C - Elegante Weichkorallen-Formationen verzieren die Riffwände; um sie herum bewegen sich ständig die Lebewesen des Korallenriffs.

D

D - Eine silberschimmernde Makrele (Caranx ignobilis) beim Baracuda Giri.

E

E - Diese schöne Gegenlichtaufnahme zeigt die riesigen Ausmaße einer Gorgonie, hinter der man den Umriß eines Tauchers erkennt.

LEBEWESEN

An diesem sehr exponierten Platz findet der Taucher eine enorme Fischkonzentration. Seit Jahren lebt hier ein Schwarm großer Fledermausfische *(Platax teira)*, der meist am nördlichen Ende des Thilas zu finden ist. Große Schwärme von Süßlippen *(Plectorhynchus picus)* stehen unter den Überhängen. An der tieferen Seite ziehen Barrakudas *(Sphyraena sp.)* und andere pelagische Fische durch das Wasser. Oft sind Weißspitzen-Riffhaie *(Carcharhinus albimarginatus)* zu sehen. An der Südseite leben große Muränen *(Gymnothorax sp.)*, und auf der Riffplatte liegen Skorpionsfische *(Pterois sp.)*. Gorgonien und Weichkorallen zieren den Canyon, und auf der Südseite wachsen schwarze Korallen; natürlich fehlen auch die freundlichen Napoleonfische *(Cheilinus undulatus)* nicht.

SICHERHEIT

Wie immer, wenn das Boot festgemacht wird, beginnt und endet der Tauchgang an der Leine. Der Plan muß so aussehen, daß zuerst gegen die Strömung getaucht wird, um dann mit dem Rest der Luft, vielleicht aber auch der Kraft, sicher zum Boot zurückzukehren.

UMWELTSCHUTZ

Okobe Thila ist sehr zentral gelegen und wird seit vielen Jahren von den Tauchbasen im südlichen Teil des Nord-Male-Atolls besucht. Die Spuren der Frühzeit, als das Umweltbewußtsein der Taucher noch nicht so ausgeprägt war wie heute, sind auch hier teilweise zu sehen. Besonders um die Stelle, wo die Boote festgemacht werden, aber auch unter den Überhängen, muß Kontakt mit den Korallen vermieden werden. Wenn bei Strömung durch den Canyon geschwommen wird und es ohne Festhalten nicht mehr möglich ist, suchen Sie sich nur tote und abgestorbene Korallenblöcke dafür aus.

F

FOTOGRAFIE

An diesem Platz findet der Fotograf Motive, die von der Landschaftsfotografie mit Modell bis zur Makroaufnahme reichen, u. a. die Fledermausfische und die Süßlippen, mit denen immer zu rechnen ist. Gegen das blaue Wasser aufgenommen, ergeben diese Fische wunderschöne Bilder. Empfehlenswerte Brennweite: 20 mm oder 15 mm.

F - Mit ihrem schlanken, hydrodynamisch geformten Körper fürchten die Barrakudas (Sphyraena sp.) selbst die stärksten Strömungen nicht.

G

G - Der Kaiserengelfisch (Pomacanthus imperator) ist mit seinem blau- und gelbgestreiften, ovalen Körper einer der eindrucksvollsten Fische der gesamten Unterwasserwelt.

H

H - Auf diesem Bild kann man den großen Reichtum des Meeres der Malediven sehen: Weichkorallen und rote Meersterne bilden zusammen eine anmutige Naturkomposition.

NASSIMO THILA - BLUE SHADOW

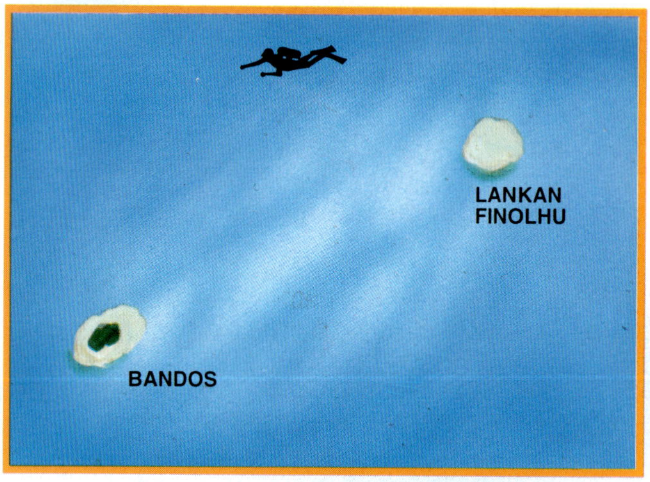

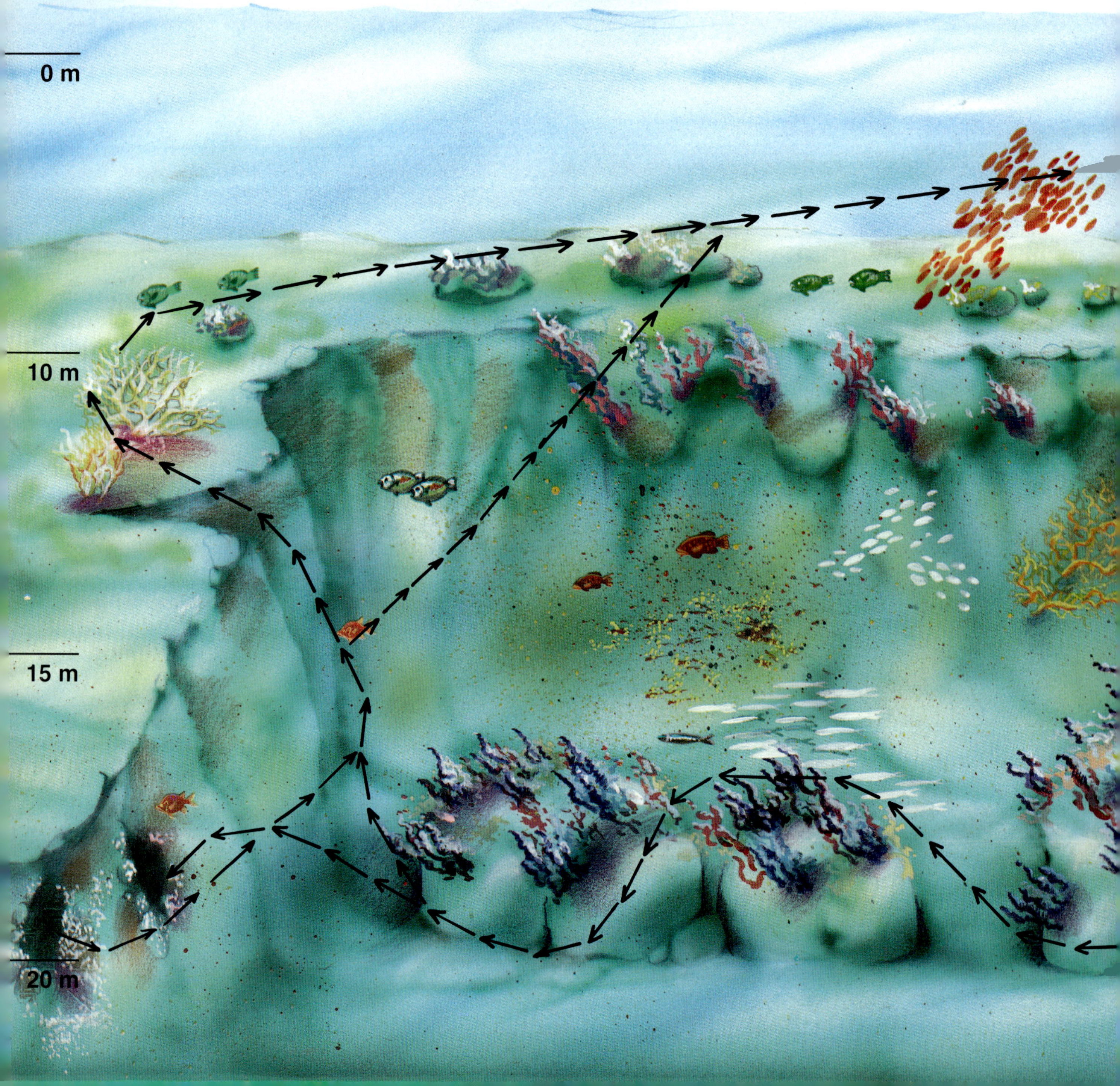

RIFF
KORALLE
8-10 m
20 m

A

LAGE

Blue Shadow liegt im Nord-Male-Atoll auf der Ostseite, am Innenriff. Die benachbarten Inseln sind Bandos im Südwesten und Lankanfinolhu, genau im Osten. Das Thila, welches bis ca. neun Meter unter die Wasseroberfläche reicht, hat einen Durchmesser von mehreren hundert Metern. Der Tauchplatz liegt genau auf der Ostseite und weist fünf riesige, dem Riff vorgelagerte Korallenblöcke auf. An der Riffkante fällt der Grund auf ca. 20 m Tiefe ab. Aus dieser Tiefe wachsen dann die enormen Korallenblöcke wieder bis fast zehn Meter unter die Wasseroberfläche. Schon die UW-Landschaft ist phantastisch. Durch den Weichkorallenbewuchs und den Fischreichtum gehört dieser Platz zu den schönsten des Nord-Male-Atolls.

B

C

TAUCHEN

Am Blue Shadow wird das Tauchboot mit einer Leine an einer der vorhandenen Schlingen festgemacht, die sich an einigen Korallenblöcken befinden. Wie schon aus der Beschreibung des Platzes hervorgeht, herrscht meistens starke Strömung, vor allem über der Riffplatte. Ist der Taucher dann über der Kante, ist er im Strömungsschatten der Einbuchtung und der Korallenblöcke besser geschützt. Mit guten Kenntnissen der Situation und Berechnung der Strömung kann auch an den Platz herangedriftet werden. Je nach Strömungsrichtung wird dann nach dem Betauchen entlang des Riffs oder im Freien ausgetaucht.

LEBEWESEN

Die Riffplatte ist mit vielen großen, über und über mit farbigen Weichkorallen bewachsenen Korallenblöcken belegt. Dazwischen stehen Schwärme von Blaustreifen-Schnappern (*Lutjanus kasmira)* und Süßlippen *(Plectorhynchus picus)*. Hier sind auch alle auf den Malediven vorkommenden Riffische in Mengen zu sehen. Die überhängenden Riffkanten sind mit den seltenen blauen Weichkorallen bewachsen. Etliche kapitale Napoleonfische *(Cheilinus undulatus)* warten darauf, die Taucher auf ihrem Streifzug zu begleiten. Ein großer, etwa 1,2 m langer Barrakuda *(Sphyraena sp.)* steht häufig bei einem der Korallenblöcke am Abhang. An der dem offenen Wasser zugewendeten Seite des Platzes ziehen pelagische Fische, z. B. Thunfische *(Thunnus sp.)* und Makrelen *(Caranx sp.)*, vorbei.

SICHERHEIT

An diesem Platz kann starke Strömung herrschen. Bei der Planung des Tauchgangs muß einkalkuliert werden, daß am Ende wieder über die Riffkante zum festgebundenen Boot geschwommen werden muß. Da hier die Strömung am stärksten ist, muß noch genügend Luft im Tank sein. Besser ist es, im Schutz der Riffkante so weit Höhe zu gewinnen, daß dann mit der Strömung zum Boot zurückgekehrt werden kann. Wird, wie schon erwähnt, gedriftet, muß jedes Team einen Parachut mitführen, weil der Sicherheitshalt von drei Minuten auf fünf Meter im freien Wasser durchgeführt werden muß. Die Bootscrew muß genau informiert werden, damit nach den treibenden Bojen Ausschau gehalten wird.

UMWELTSCHUTZ

Dieser Platz wird von vielen Tauchern besucht. Wir appellieren an alle, die sich von Blue Shadow bezaubern lassen wollen, durch umweltschonendes Tauchen dazu beizutragen, die Pracht zu erhalten! Berühren oder streicheln Sie keine Fische, auch wenn sich die Napoleonfische *(Cheilinus undulalus)* fast aufdrängen.

FOTOGRAFIE

Der vielen Weichkorallen wegen ist der Platz für Landschaftsaufnahmen wie geschaffen. Wenn noch ein Taucher das Bild abrunden soll, muß ein Superweitwinkelobjektiv verwendet werden. Auch für Aufnahmen der Fischschwärme auf der Riffplatte sind kurze Brennweiten von Vorteil. Stehen Fischbilder oder Porträts auf dem Programm, ist Blue Shadow ein Eldorado dafür. Überhängende Korallenfelsen mit farbigen Weichkorallen und einem Taucher im Hintergrund, der im blauen Wasser schwebt, sind empfohlene Motive.

D

E

F

G

D - Ein kleine, dichtgedrängte Gruppe von Gefleckten Schnappern (Lutjanus monostigma) auf Beutesuche am Riff.

E - Diese grüne Weichkoralle ist eine der Besonderheiten des Nassimo Thila, das aufgrund der reichhaltigen Fauna und Flora einer der interessantesten und eindrucksvollsten Orte der Malediven ist.

F - Eine blaue Makrele (Caranx melampygus) schwimmt rasch an dem fotografierenden Taucher vorbei.

G - Die Sonnenstrahlen spiegeln sich auf dem Rücken eines etwas über einen Meter langen Barrakudas (Sphyraena sp.). Die größeren Exemplare leben selten in Gruppen, denn sie ziehen es vor, allein zu jagen.

A - Ein von einem Scooter gezogener Taucher umkreist einen dichten Schwarm Blaustreifen-Schnapper (Lutjanus kasmira).

B - Ein Napoleonfisch (Cheilinus undulatus) zieht enge Kreise am Riff.

C - Korallen sind ebenso schön wie zerbrechlich; aus diesem Grund darf man sie nicht berühren, denn in kurzer Zeit kann man das Werk zerstören, das Millionen Tiere in vielen Jahren geschaffen haben.

TAMBURUDU - H.P. REEF

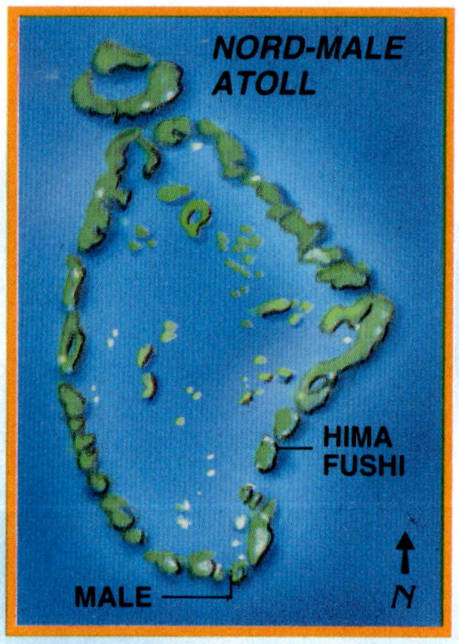

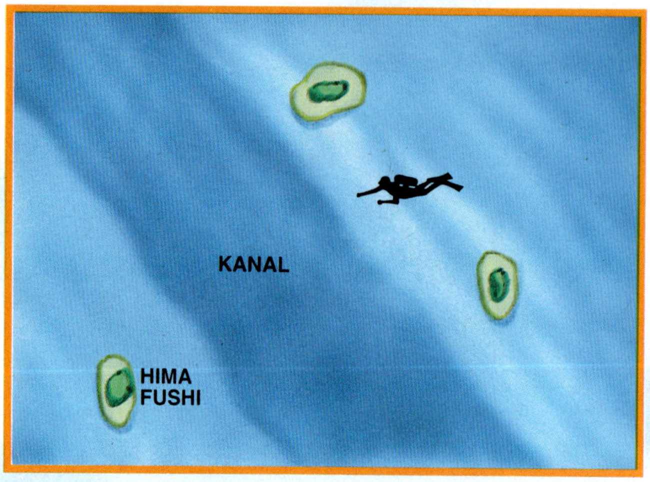

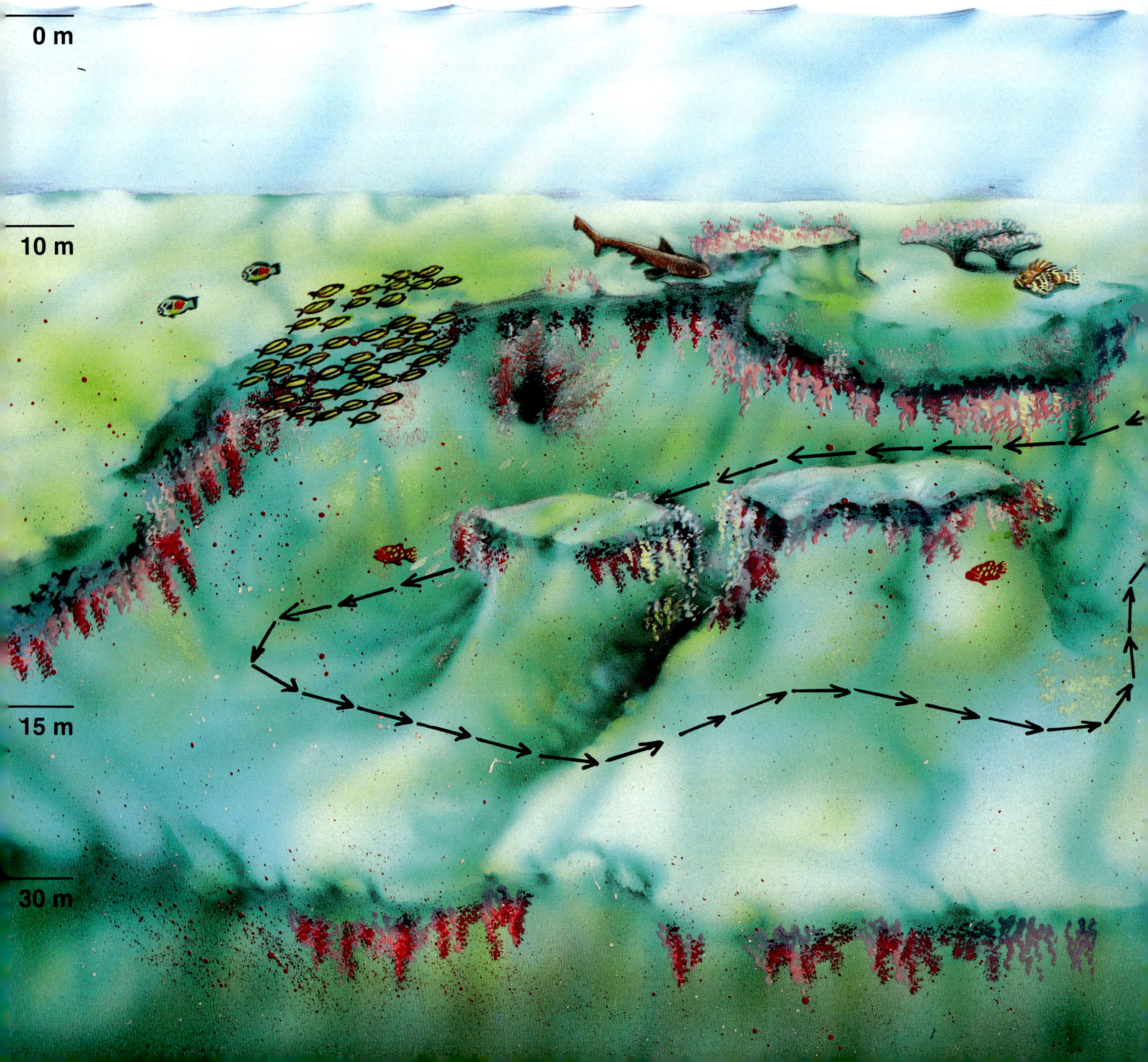

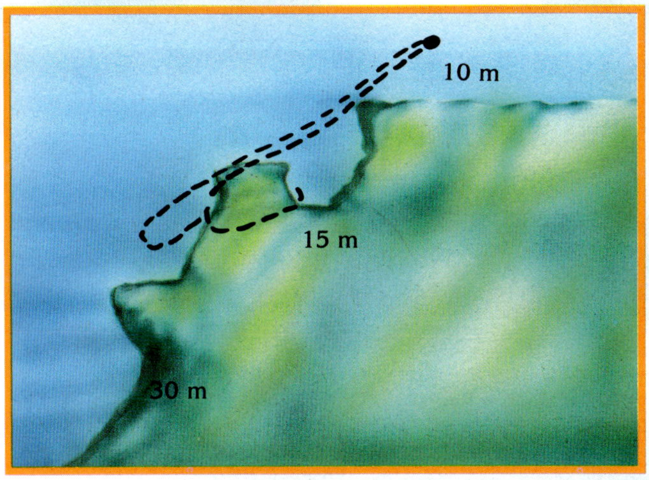
10 m
15 m
30 m

A

A - Majestätisch ziehen zahlreiche Adlerrochen (Aetobatus narinari) mit ihrer unverwechselbaren Silhouette im offenen Meer vorbei.

B - Die längs der Riffe von Tamburudu stets vorhandenen, starken Strömungen haben das Wachstum bunter Weichkorallen gefördert.

C - Ein Ammenhai (Nebrius ferrugineus) lauert zwischen den Felsen auf Beute.

LAGE

Tamburudu liegt an der Ostseite des Nord-Male-Atolls. Der Tauchplatz befindet sich im Kanal zwischen den benachbarten Inseln Himafushi und Girifushi resp. Tamburudu. Es sind drei riesige, den Kanalwänden vorgelagerte Korallenblöcke. Der üppige Bewuchs von Weichkorallen in allen Farben ist auf die ständig herrschende Strömung zurückzuführen. Durch die Einbuchtung der Riffwand und durch die großen Korallenblöcke ist der Platz bei normalen Wasserbewegungen trotzdem gut zu betauchen. Von der mit zehn Metern recht tief liegenden Riffplatte fällt der Grund steil und überhängend ab. Wie eine Art Sattel auf 15 m Tiefe wachsen dann die drei Korallenblöcke über eine Länge von ca. 150 m wieder auf 13 m bis 15 m hinauf. Der nördlichste ist von einem großen Riß – The Chimney – unterbrochen, in dem die Weichkorallen gegen das Licht betrachtet eine herrliches Fotomotiv abgeben. Gegen den Kanal fällt dann der Grund – von einem Überhang unterbrochen – auf 30 m und mehr Tiefe ab.

B

D

D - Diese Panorama-Aufnahme zeigt die Spitze des Riffs in einer Tiefe von etwa zehn Metern.

C

TAUCHEN

Bei starker Strömung wird das H.P. Reef am einfachsten als Driftdive besucht. Am besten läßt man sich mit der Strömung herantragen und verweilt im Schutze der Einbuchtung und der Korallenblöcke am Platz. Bei mittlerer und leichter Strömung kann das Tauchboot vor Ort mit einem Seil festgemacht werden. Dann gilt es, gut zu planen, damit der Tauchgang auch wieder an dieser Stelle endet. Wie schon erwähnt, liegt die Riffplatte auf ca. zehn Meter. Der Sicherheitshalt von drei Minuten auf fünf Meter muß deshalb an der Leine absolviert werden.

LEBEWESEN

Wie schon erwähnt, ist das besondere Merkmal dieses Tauchplatzes der enorme Bewuchs von Weichkorallen in allen Farben. Auf der Riffkante stehen Schwärme von Blaustreifen-Schnappern *(Lutjanus kasmira)*, und unter den Tischkorallen findet der Taucher alle Arten von bodenlebenden Tieren wie Krokodilfische *(Cociella crocodila)* und Skorpionsfische *(Pterois sp.)*. Auch Ammenhaie *(Nebrius ferrugi)* sind häufig im Schutz der Korallenblöcke auf der Riffplatte anzutreffen. Im freien Wasser vor oder hinter den Korallenblöcken fliegen die Adlerrochen *(Aetobatus narinari)* und ziehen große Makrelen *(Caranx sp.)* vorbei. Meeresschildkröten *(Eretmochelys imbricata)* sind sehr oft zu sehen.

SICHERHEIT

Für den Sicherheitshalt im freien Wasser bei den Driftdives, aber auch damit die im Kanal oder über dem Riff treibenden Teams von der Bootscrew geortet werden können, ist der Parachut ein Muß!

UMWELTSCHUTZ

Besondere Vorsicht ist auf der Riffplatte angebracht, wo die großen Tischkorallen stehen. Wie bei allen Tauchgängen am Riff und insbesondere bei Strömung ist darauf zu achten, daß immer genügend Abstand gehalten wird, um die Korallen nicht zu zerstören! Schwimmflossen sind beim Durchschwimmen von Überhängen und Spalten vorsichtig einzusetzen, um jeglichen Kontakt mit den Weichkorallen zu vermeiden.

FOTOGRAFIE

Dieser Platz ist hervorragend für Landschaftsaufnahmen mit einem vollformatigen Fisheye oder Superweitwinkelobjektiv geeignet. Weichkorallen schlucken viel mehr Licht als Steinkorallen! Also großzügig belichten!

E

F

G

H

E - Häufig schafft die Natur auf dem Meeresboden wahre Kunstwerke.

F - Ein Korallenbarsch (Cephalopolis miniata) signalisiert mit der Stellung der Kiemen, daß er bereit ist, sich von den eifrigen Putzerfischen von den Parasiten befreien zu lassen.

G, H, - Schwämme, Korallen, Anemonen, Seesterne und verschiedenfarbige Fische vereinen sich zu einer bunten Farbpalette, die kein Maler je verwenden könnte.

RASFAREE KANDU - RASFAREE CORNER

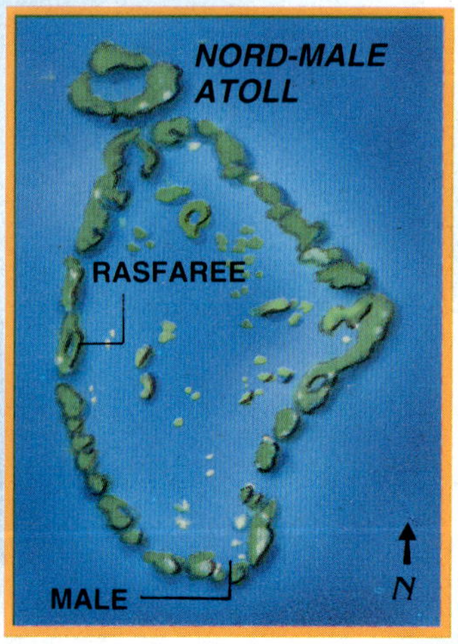

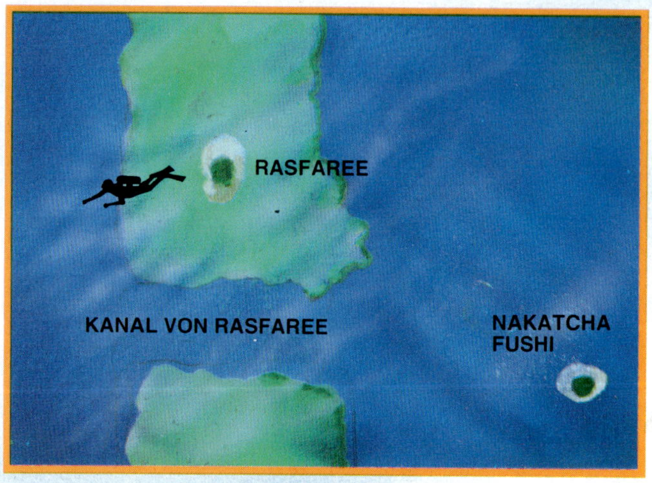

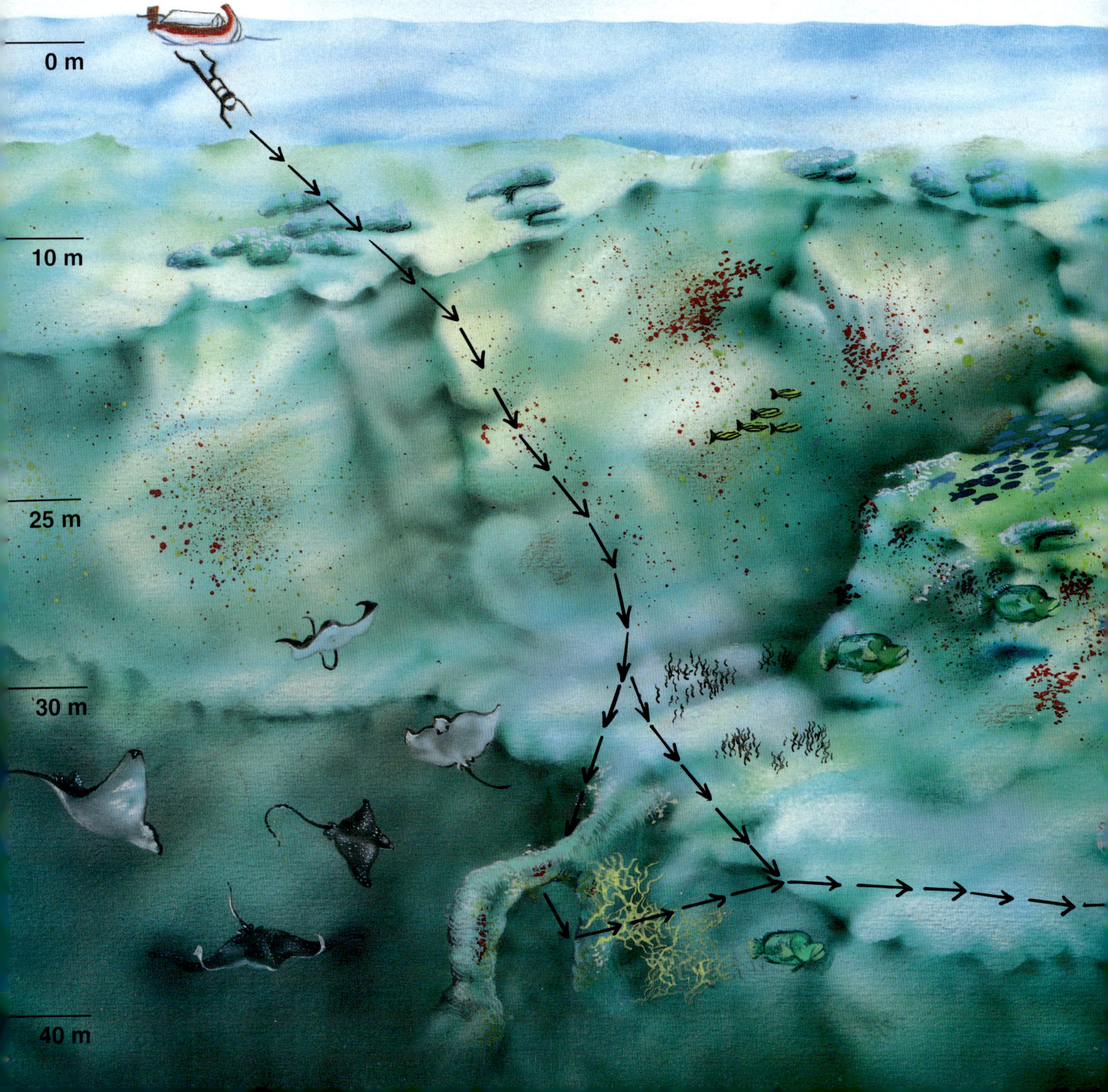

RASFAREE
RIFF

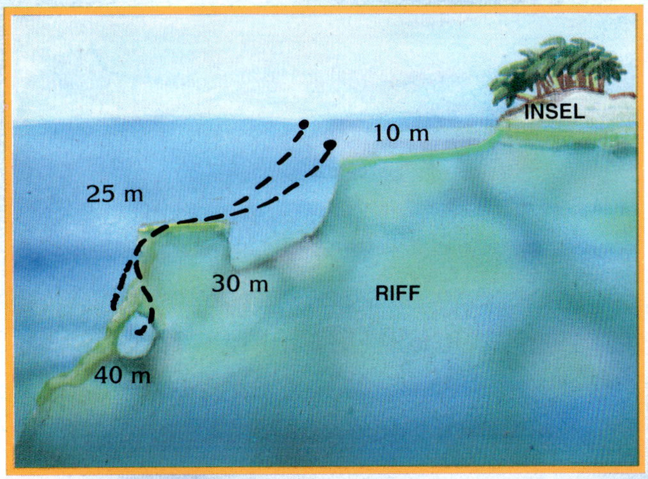
INSEL
10 m
25 m
30 m
RIFF
40 m

A

B

LAGE

Rasfaree liegt an der Westseite des Nord-Male-Atolls, an der nördlichen Ecke des Rasfaree-Kanals, am Außenriff. Die nahegelegenen Inseln sind Rasfaree im Norden und Nakatchafushi südwestlich. Der beschriebene Platz liegt nicht direkt am Riff, sondern es ist ein riesiger vorgelagerter Korallensockel, der bis knapp 22 m unter die Oberfläche ragt. Auf der Ostseite fällt der Sockel steil auf 30 m und mehr ab.

TAUCHEN

Der Platz wird als Driftdive besucht. Die Strömung muß genau geprüft werden, damit die beste Stelle nicht verfehlt wird. Der Tauchgang soll so geplant werden, daß zuerst die tiefere Ostseite des Sockels erkundet wird. Mit der restlichen Luft bleibt dann noch genug Zeit, die interessante Riffplatte zu erkunden.

A - Der Korallenbarsch (Cephalopolis miniata) ist ein typischer Einwohner der tropischen Meere; seine Farbe ist rotorange mit zahlreichen kleinen, blauen Augenflecken.

B - Auch die Rotmund-Barsche (Aethaloperca rogaa) lassen sich durch die Putzerfische von den Parasiten befreien.

C, D - In den Gewässern von Rasfaree Kandu trifft man häufig auf die Grauen Riffhaie (Carcharhinus amblyrhynchos), die sich manchmal zu Gruppen zusammenschließen.

E - Die Madreporenkolonien gehören zu den Lebensgrundlagen des Riffs, denn sie bieten den kleinen Fischen Nahrung und Schutz.

C

E

D

LEBEWESEN

Rasfaree ist durch die Haie bekannt geworden. Je nach Strömung sind ganze Schulen von respektablen Grauhaien *(Carcharhinus amblyrhynchos)* anzutreffen. Oft werden auch große Weißspitzen-Hochseehaie *(Carcharhinus longimanus)* gesichtet. Über dem Riff begegnen dem Taucher Weißspitzen- *(Carcharhinus albimarginatus)* und Schwarzflossenhaie *(Carcharhinus melanopterus)*, häufig auch Meeresschildkrö-

F - Seit über 200 Millionen Jahren ziehen die Meeresschildkröten ihre Bahnen durch die Ozeane; seit dem Urzeitalter der Dinosaurier haben sie sich kaum verändert. Die schönste unter ihnen ist gewiß die Karettschildkröte (Eretmochelys imbricata), die mit eleganten Flossenschlägen die Meere durchpflügt.

ten *(Eretmochelys imbricata)*. An der Steilwand im tieferen Wasser zieht häufig eine Gruppe großer Adlerrochen (Aetobatus narinari) vorbei. Taucher, die hier oft in das offene Wasser sehen, werden noch viele andere große pelagische Fische erkennen. Bei starker Strömung ist dieser Platz für Großfische geradezu prädestiniert.

F

SICHERHEIT

Bei leichter Strömung kann Rasfaree auch von weniger erfahrenen Tauchern in Begleitung eines ortskundigen Führers betaucht werden. Für selbständige Taucher ist eine „Advanced"-Stufe Voraussetzung. Da doch große Distanzen in Tiefen von 20 m bis 25 m schwimmend zurückgelegt werden müssen, gilt es, die Luft gut einzuteilen, um den Tauchgang auf der Riffplatte beenden zu können. Die Ostseite fällt senkrecht sehr tief ab. Achten Sie auf gutes Tarieren, und respektieren Sie die Tiefengrenzen! Da man bei starker Strömung weit über das Riff hinaus oder längs der Riffwand getrieben wird, ist ein Parachut mitzutragen, damit die Teams von der Bootscrew leichter geortet werden können.

G

G - Nur wenig jenseits des Korallenriffs, wo die Riffwand in die blaue Tiefe abstürzt, kann man nicht selten zahlreiche Adlerrochen (Aetobatus narinari) sehen.

H - In den starken Strömungen stehen häufig große Pelagialfische. Auf dem Bild ist ein dichter Schwarm von Carangidae (Caranx sexfasciatus) zu sehen, der sich beim Eintreffen der Taucher entfernt.

H

UMWELTSCHUTZ

Wie bei allen Plätzen, die bei Strömung betaucht werden, ist genügend Abstand vom Riff einzuhalten. Achten Sie beim Durchschwimmen von Überhängen darauf, daß mit den Schwimmflossen keine Gorgonien und Weichkorallen beschädigt werden.

FOTOGRAFIE

An diesem Platz bekommt der Fotograf Großfische vor die Kamera. Für Haie, wie die Grauhaie *(Carcharhinus amblyrhynchos)*, die Weißspitzen-Hochseehaie *(Carcharhinus longimanus)*, die Weißspitzenhaie *(Carcharhinus albimarginatus)* und die Schwarzflossenhaie *(Carcharhinus melanopterus)* bis zwei Meter Länge ist ein 24-mm- oder 28-mm-Objektiv erforderlich, um die Tiere aus Distanzen von zwei bis drei Metern bildfüllend aufzunehmen. Vermeiden Sie im „TTL-Modus" oder full zu blitzen; da die Haie gegen das freie Wasser fotografiert werden, muß mit halber oder viertel Leistung geblitzt werden. Ist der Blitz zu stark, wird der Körper des Hais überstrahlt, und die sich im Wasser befindenden Schwebeteile sind als weiße Punkte auf dem Bild zu sehen.

KUDA FARU - SADDLE

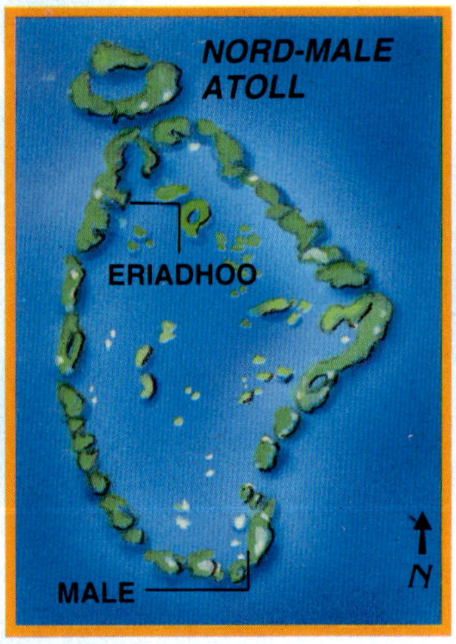

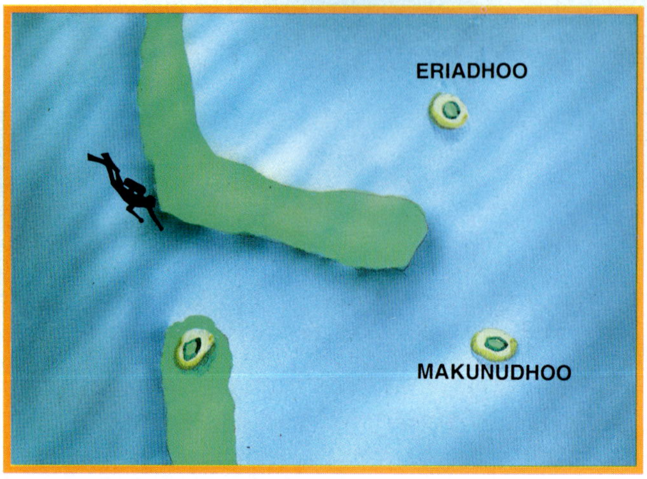

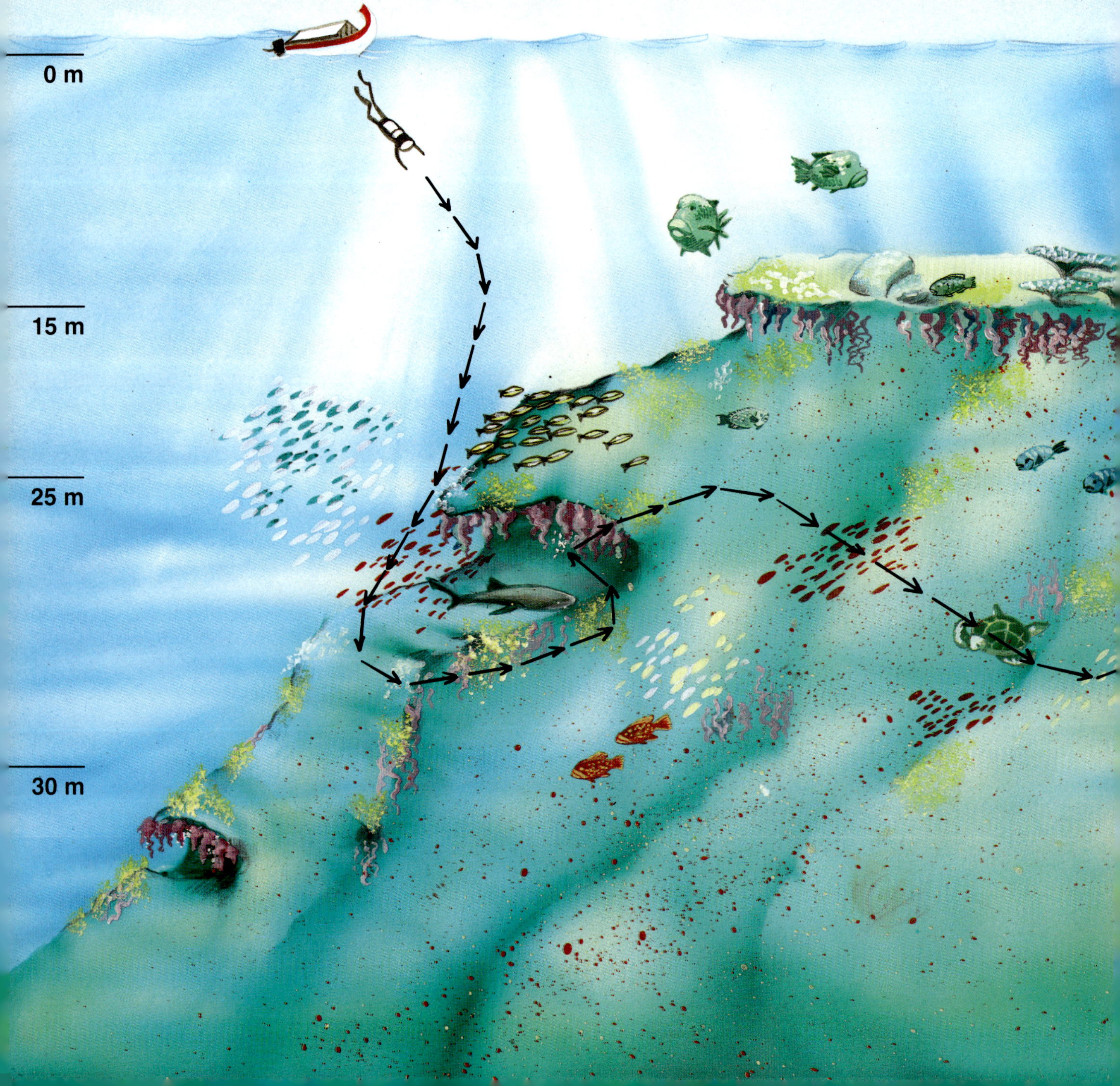

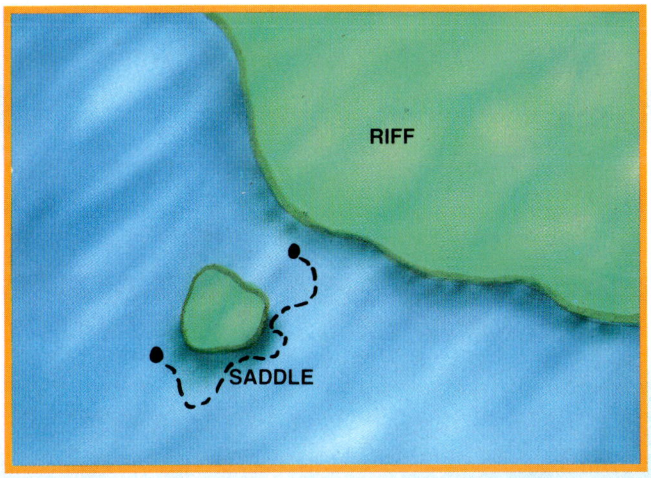
RIFF
SADDLE

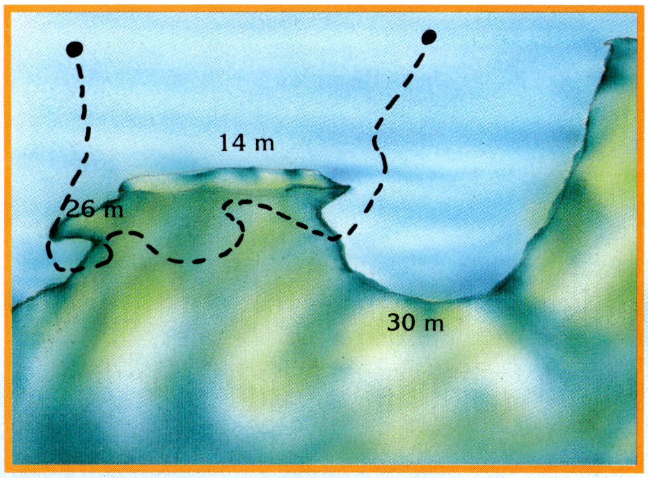
14 m
26 m
30 m

LAGE

Der Saddle liegt an der Westseite des Nord-Male-Atolls. Die benachbarten Inseln sind im Norden Eriadhoo und südsüdöstlich Makunudhoo. Der Name Sattel ist bezeichnend für diese Rifformation, die im Gegensatz zu den klassischen Thilas nicht steil, sondern fast symmetrisch langsam in die Tiefe abfällt. Die Oberfläche des Saddle ist relativ flach und ragt bis 13 m unter die Wasseroberfläche. Die Abhänge fallen gegen Südwesten, Süden und Südosten in sehr große Tiefen ab. Eine Besonderheit ist die große Grotte, die auf 26 m Tiefe liegt. Der Saddle ist ein großes Korallenmassiv und erstreckt sich über 100 m weit in den Makunudhoo-Kanal.

TAUCHEN

Kuda Faru ist ein Platz für Taucher mit mittlerer bis guter Erfahrung. Ganz ohne Strömung ist der Saddle eigentlich nie, und zu gewissen Zeiten kann sie sogar sehr stark sein. Je nachdem, ob der Tauchgang bei ein- oder ausfließendem Wasser gemacht wird, kann auch die Sicht sehr unterschiedlich sein. Wie immer in Kanälen sind die Bedingungen bei einströmendem Wasser am besten. Dieser Platz läßt nur Drifttauchen zu.

LEBEWESEN

Die Lage des Saddle im strömungsreichen Kanal ist der Grund dafür, daß an diesem Platz überdurchschnittlich viele Weichkorallen stehen. Die Riffoberfläche ist mit riesigen Tischkorallen bewachsen. Natürlich fehlen auch die Haie nicht. An den strömungsreichen Ecken sind sie regelmäßig anzutreffen. Im offenen Wasser patrouillieren die Grauhaie *(Carcharhinus amblyrhynchos)* und auf dem sogenannten Plateau bei der Grotte liegen oft Ammenhaie *(Nebrius ferrugineus)*. Bei Tauchgängen am Saddle lohnt es sich, oft ins freie Wasser zu sehen. Die Chance, eine Gruppe Adlerrochen *(Aetobatus narinari)* zu entdecken, ist groß. Rote Soldatenfische *(Myripristis murdjan)* und Süßlippen *(Plectorhynchus sp.)* leben hier in großen Schwärmen, und Meeresschildkröten *(Eretmochelys imbricata)* sind häufig. Große Napoleonfische *(Cheilinus undulatus)* sind ständige Begleiter der Taucher.

SICHERHEIT

Wie schon erwähnt, fällt der Saddle an einigen Stellen sehr tief ab. Trotz aller Begeisterung darf deshalb die Tiefengrenze nicht überschritten werden. Das Riff ist sehr groß, und es sind schon einige Tauchgänge erforderlich, um sich unter Wasser orientieren zu können. Es ist deshalb wichtig, den Tauchgang gut zu besprechen, damit die Besonderheiten, zum Beispiel die Grotte oder die Ecke mit den Haien, auch gefunden werden. Die Oberfläche des Riffs ragt nur bis 13 m unter die Oberfläche. Der Sicherheitshalt von drei Minuten auf fünf Meter muß also im freien Wasser gemacht werden. Achten Sie auf die Tarierung, und benutzen Sie den Parachut oder die Scubatuba, damit die Bootscrew den im Kanal treibenden Tauchteams folgen kann.

UMWELTSCHUTZ

Besondere Vorsicht ist geboten, wenn bei starker Strömung den Riffabhängen entlang gedriftet wird.

A

B

A - Ein toter Schwarzkorallenast ist vollständig von Anemonen, Schwämmen und Weichtieren überzogen.

B - Die Orient-Süßlippe (Plectorhynchus orientalis) findet man häufig in diesem Archipel in kleinen Gruppen nahe dem Riff oder bei großen Madreporenformationen lebend.

C

C - Die Makrofotografie zeigt die zarte Perfektion des Astes einer Weichkoralle.

D - An den großen Augen kann man erkennen, daß die Weißspitzen-Soldatenfische (Myripristis vittata) nachtaktiv sind.

E - Ein Ammenhai (Nebrius ferrugineus) ruht in einer Grotte zusammen mit einem kleinen Schiffshalter (Echeneis naucrates), der sich auf seinem Kopf niedergelassen hat.

F - Zahlreiche Meersterne (Oligometra serripinna) haben sich auf den Ästen einer Gorgonie niedergelassen, wo sie das von der Strömung mitgeführte Plankton aufnehmen.

G - Ein Fleckenrochen (Taeniura melanospilos) gleitet mit eleganten Flügelschlägen über den Sandboden.

H - Wenige Meter unter der Oberfläche filtert eine Weichkoralle (Sarcophyton sp.) mit vollständig geöffneten Polypen die von der Strömung getragenen Mikroorganismen.

Die Gefahr, dabei die weit hinausragenden grünschwarzen Geweih- oder Stempelkorallen abzubrechen, ist groß. Unter solchen Umständen muß genügend Abstand zum Riff gehalten werden. Auch bei starker Strömung kann angehalten werden, wenn der Taucher einen großen Korallenblock als Deckung benutzt.

FOTOGRAFIE

Der Saddle bietet dem UW-Fotografen Motive für alle Brennweiten. Weitwinkelfotografie bietet sich eigentlich immer an. Für Fisch- und Makroaufnahmen darf jedoch die Strömung nicht zu stark sein. Die dicht mit Weichkorallen bewachsenen Korallenblöcke ergeben farbenprächtige Bilder. Bei solchen Aufnahmen soll aber nicht nur die Weitwinkeltechnik verwendet werden. Auch Detail- oder sogar Makroaufnahmen der Strukturen lohnen sich. Der Schwarm roter Soldatenfische *(Myripristis sp.)* ergibt – gegen das blaue Wasser fotografiert – ein kontrastreiches Bild. Um aber das Rot der Fische farbecht auf das Bild zu bekommen, soll so nahe wie möglich, mindestens 1,5 m, an die Tiere herangeschwommen werden.

E

F

G

D

H

MEERUFENFUSHI - STAIRS

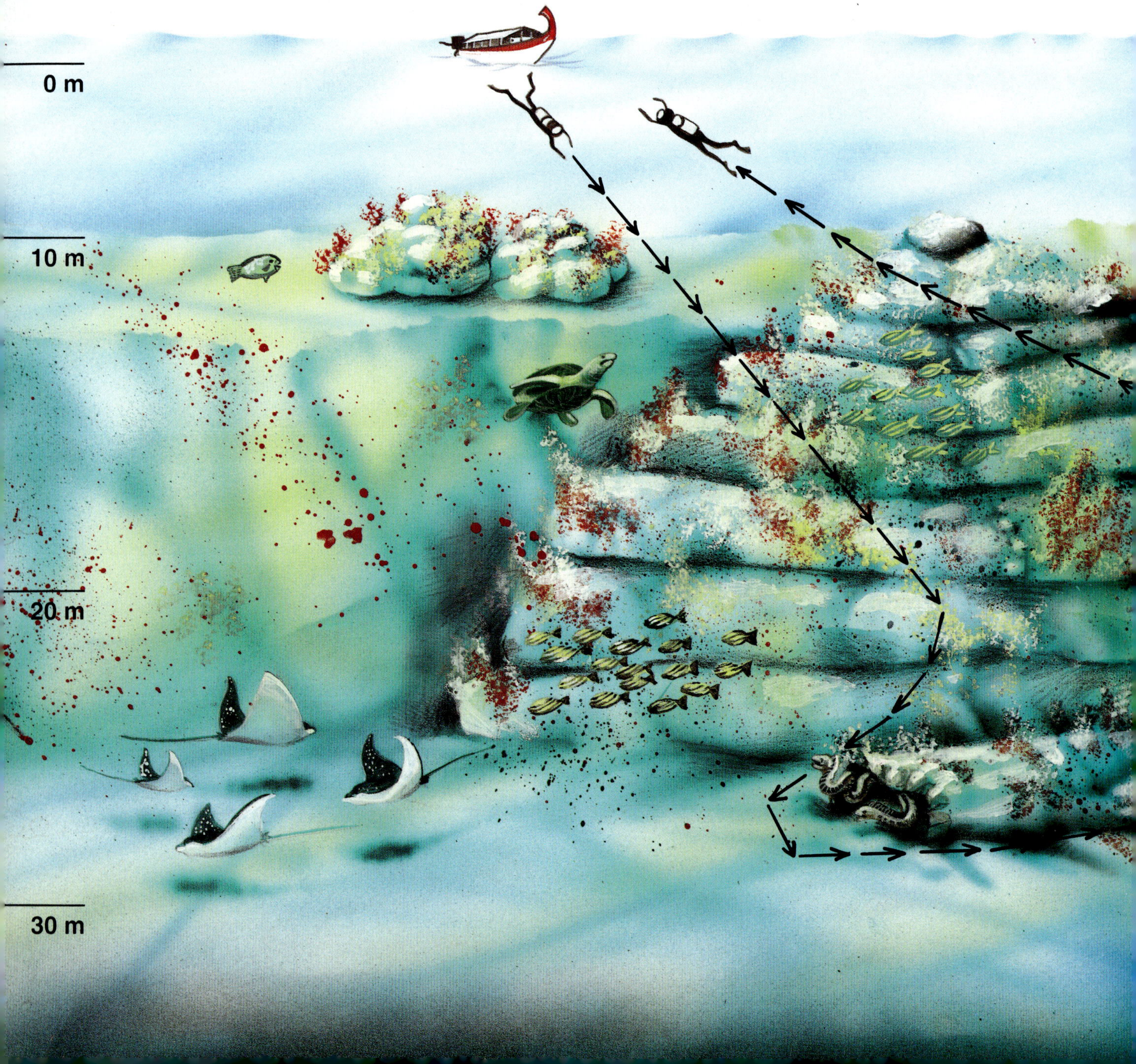

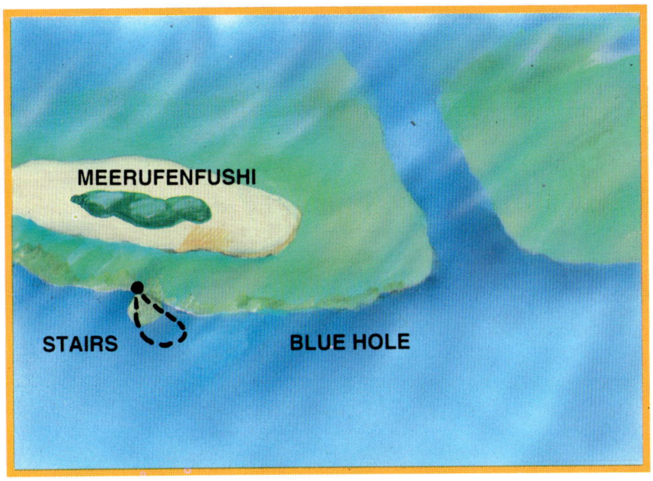
MEERUFENFUSHI
STAIRS
BLUE HOLE

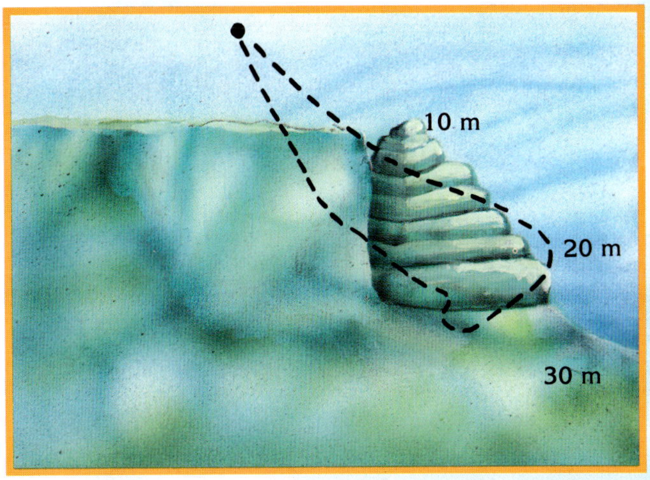
10 m
20 m
30 m

LAGE

Der Tauchplatz liegt an der Ostseite des Nord-Male-Atolls, am Außenriff. Die benachbarten Inseln sind Dhiffushi und Meerufenfushi. The Stairs ist eine gigantische Pilzkoralle, die von ca. zehn bis 25 Meter Tiefe terrassenförmig abfällt. Auf der Riffkante selbst erheben sich mehrere andere, aber im Vergleich zu den Stairs kleinere Pilzkorallen.

A

B

C

TAUCHEN

The Stairs ist für jede Könnerstufe geeignet. Da der Platz weit vom Dhiffushi-Kanal entfernt liegt, herrschen eigentlich keine starken Strömungen. Die Taucher werden vom Boot abgesetzt, erkunden den Platz und beenden den Tauchgang entlang der Riffkante.

LEBEWESEN

Der Platz zeichnet sich durch einen enormen Fischreichtum aus. Auf den Treppenstufen stehen in Reih und Glied große Gruppen von Orient-Süßlippen *(Plectorhynchus orientalis)* und Blaustreifen-Schnapper *(Lutjanus kasmira)*. An der Riffkante, am Fuße der Treppe, ziehen meistens Weißspitzen-Riffhaie *(Carcharhinus albimarginatus)* ihre Kreise. Meeresschildkröten *(Eretmochelys imbricata)* werden an dieser Stelle häufig gesichtet. Am Fuße der Stairs lohnt es sich, über den noch weiter leicht abfallenden Sandgrund ins Blaue zu sehen. Vielfach stehen hier mehrere Adlerrochen *(Aetobatus narinari)* in der leichten Strömung. In und unter den Pilzkorallen auf der Riffkante leben große Muränen *(Gymnothorax javanicus)*, die manchmal sogar paarweise aus ihrer Höhle heraussehen. Wunderschöne Weichkorallen verzieren die Treppenstufen.

SICHERHEIT

Von der Strömung und der Tiefe her betrachtet, ist dieser Platz als einfach einzustufen.
Da die Riffplatte ca. zehn Meter unter der Oberfläche liegt, muß der Sicherheitshalt, drei Minuten auf fünf Meter, im freien Wasser oder am Parachut durchgeführt werden.

UMWELTSCHUTZ

Pilzkorallen weisen keine so ausgeprägte Struktur auf wie andere Arten. Sie haben eher eine plane, felsenähnliche Oberfläche. Trotzdem muß sich der Taucher bewußt sein, daß sich hier die Behausungen der Korallenpolypen befinden. Auch wenn durch Anstoßen und Berühren nichts abbricht, werden doch die Wohnröhren dieser Tiere zerstört.

FOTOGRAFIE

Fotografen können an diesem Tauchplatz alle Brennweiten einsetzen.
Superweitwinkelobjektive für Landschaften mit Tauchern. Das 20-mm-Weitwinkelobjektiv für den Tauchpartner hinter den Fischschwärmen und Brennweiten von 50 mm bis 35 mm für Fischbilder und Porträts. Ein Süßlippenschwarm *(Plectorhynchus picus)* direkt von vorne aufgenommen und mit einem Taucher im Hintergrund ist ein empfohlenes Motiv.

D

E

F

A - Aufgrund der wechselnden Tiefen bilden sich um die Insel Meerufenfushi herum harmonische Farbkontraste.

B - Ein Taucher schwimmt in einer Wolke von Glasfischen (Parapriacanthus guentheri).

C - Diese Schule von Orient-Süßlippen (Plectorhynchus orientalis) steht am Fuß eines riesigen Korallenpilzes, der allgemein "Stairs" genannt wird.

D - Gegen Ende des Tauchgangs kann man sich von der Strömung entlang der Riffwand transportieren lassen.

E - Zwei kleine Clownfische (Amphiprion clarkii) schauen aus den Fangarmen der Seeanemone hervor, in denen sie Zuflucht gefunden haben.

F - Das Farbenkleid des Gelbmund-Falterfisches (Chaetodon xanthocephalus) zeichnet sich durch zarte Farbtöne aus, die sich sehr von den grellen Farben der Artgenossen unterscheiden.

HELENGELI THILA

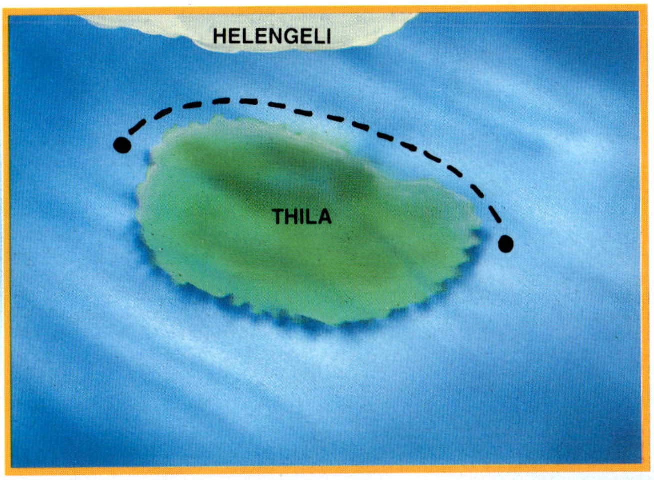
HELENGELI
THILA

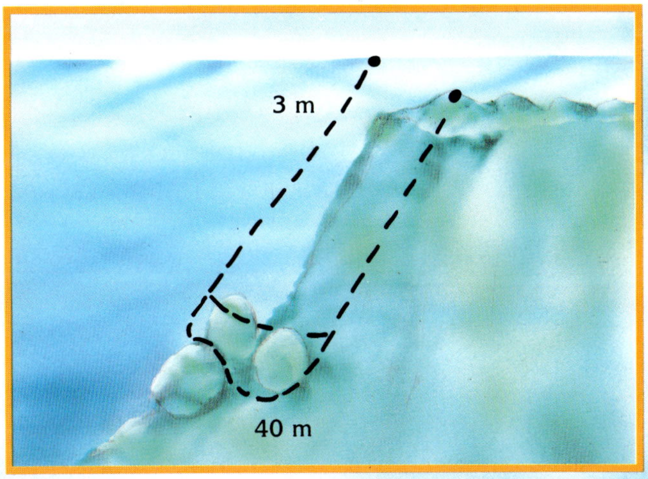
3 m
40 m

A

B

A, B, C, D - Im westlichen Teil des Thila öffnen sich in der Riffwand zahlreiche Grotten, die vollständig von lebhaft gefärbten Weichkorallen und großen Gorgonienfächern überzogen sind.

LAGE

Helengeli Thila liegt an der nordöstlichen Seite des Nord-Male-Atolls. Die Tauchstelle befindet sich bei einer Untiefe im Kanal zwischen den Inseln Helengeli und dem Riff Maifhalhu. Das Thila erstreckt sich über 150 m von Osten nach Westen und steigt von einem 40 m tiefen Boden bis auf acht bis zehn Meter unter der Wasseroberfläche auf. Die Wände fallen steil bis auf den Boden des Kanals ab. Der interessanteste Teil liegt im Norden, wo man weite Spalten mit großen, mehrfarbigen Korallentieren antrifft; in der Nähe der Untiefe erheben sich sechs bis sieben Meter hohe Korallenpilze, um die herum es vor Lebewesen förmlich wimmelt.

C

D

TAUCHEN

Um gute Sichtverhältnisse unter Wasser zu haben, sollte man bei einlaufender Strömung tauchen, aber darauf achten, daß diese nicht zu stark ist; andernfalls tauche man aufgrund der kurzen Länge der Untiefe in Strömungsrichtung. Das Dhoni-Tauchboot wird die Taucher bis auf 30 m östlich der Untiefe begleiten, wobei man die Höhlen der Nordwand erforschen und an der Westseite wieder auftauchen kann, so daß auch die Langsameren Zeit haben, die gewünschte Tiefe beim Thila zu erreichen. Die Sicherheitsstufe in fünf Meter Tiefe lege man in freiem Gewässer ein.

LEBEWESEN

Diese Stelle wird auch Barracuda Pass genannt, denn an ihrer Spitze trifft man häufig einen Schwarm Barrakudas *(Sphyraena barracuda)* von beachtlicher Größe an. Hier kann man Thunfische *(Thunnus sp.)*, Haifische *(Carcharhinus amblyrhynchos)* und Adlerrochen *(Aetobatus narinari)* sehen und auf dem Sandboden Fleckenstechrochen *(Taeniura melanospilos)*. In der Nähe der allein stehenden Korallenpilze bewegen sich Doktorfische *(Acanthurus sp.)* und Süßlippschwärme *(Plectorhynchus sp.)*. Am westlichen Abschnitt, wo man den Tauchgang beendet, öffnet sich in einer Tiefe von 20 bis 30 m eine herrliche Grotte voller sich gemächlich wiegender, großer Gorgonienfächer.

SICHERHEIT UND UMWELTSCHUTZ

Hinsichtlich der Sicherheit gelten selbstverständlich die üblichen Vorkehrungen, die bei jedem Tauchgang

E

F

G

H

E - Ein Grauer Riffhai (Carcharhinus amblyrhynchos) auf Beutesuche am Riff.

F - Ein erwachsener Barrakuda (Sphyraena barracuda) kann eine beachtliche Länge von bis zu zwei Meter erreichen.

zu treffen sind, und bezüglich des Umweltschutzes die Prinzipien eines vernünftigen Umweltbewußtseins, die bei jedem Kontakt mit der Natur Anwendung finden sollten.

FOTOGRAFIE

Mit dem Weitwinkelobjektiv hat man die Gelegenheit, Aufnahmen bei gemischten Lichtverhältnissen zu machen, z. B. mit den Fächern der Gorgonien im Vordergrund und einem Taucher im Hintergrund. Ein weiteres ausgezeichnetes Subjekt sind die Schwärme der hier lebenden Fische mit einem 20-mm- und 28-mm-Objektiv.

I

G - Der gelbbraune Kofferfisch (Ostracion cubicus) lebt vorwiegend in der Nähe des Korallenriffs. Er ist im Indischen Ozean und im Pazifik verbreitet und produziert, wenn er bedroht wird, die Giftsubstanz Ostracytoxin.

H - Die Adlerrochen (Aetobatus narinari) gehören sicher zu den bezauberndsten Geschöpfen der Unterwasserwelt; ihre Breite kann mehr als zwei Meter bei einer Länge von 2,5 m betragen.

I - Fleckenrochen (Taeniura melanospilos) sind äußerst gesellige Tiere. Sie sind überhaupt nicht aggressiv, und die Giftstachel an der Schwanzwurzel dienen lediglich zur Verteidigung.

GAAFARU - *DAS WRACK DER SEAGULL*

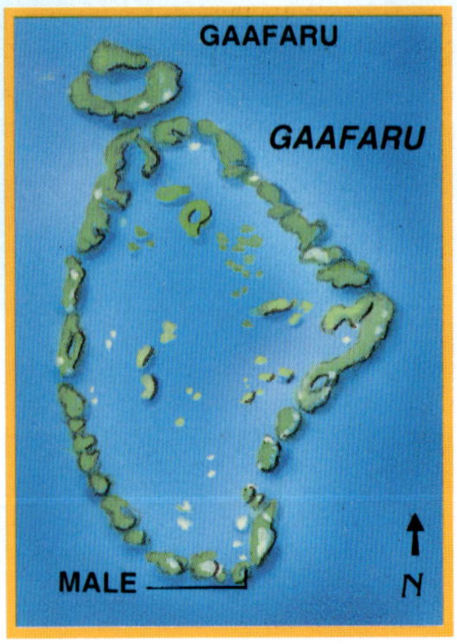

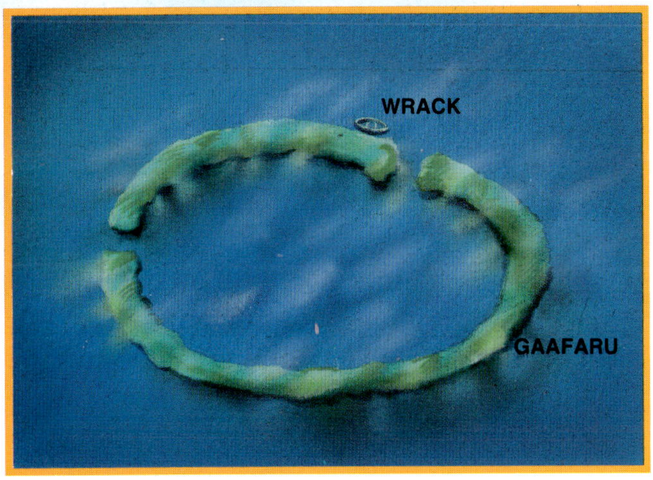
WRACK
GAAFARU

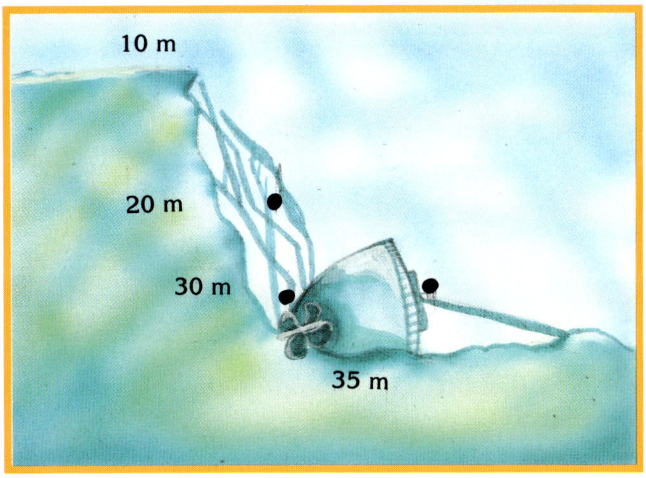
10 m
20 m
30 m
35 m

LAGE

Das Wrack liegt am nördlichen Außenriff des Gaafaru Atolls, ca. eine halbe Meile westlich des Invai Kandu, der nördlichen Einfahrt in das Gaafaru Atoll. Einzelne Teile des Wracks sind schon auf der sechs bis zehn Meter tiefen Riffplatte zu sehen. Das Schiff ist in der Mitte auseinandergebrochen. Der Bug, von dem nur noch das Gerippe steht, liegt im rechten Winkel zum Riffabfall. Der hintere Teil des Wracks liegt mit dem Kiel nach Süden, parallel zum Riff auf 30 m Tiefe. Dieser Teil des Schiffs, vor allem das Heck mit dem großen Steuerruder und der Schiffsschraube, ist praktisch intakt.

GESCHICHTE

Über die Seagull existieren keine genauen Fakten über Herkunft, Untergang und Route. In einem Bericht wird von einem 1012-Tonnen-Segelschiff berichtet, welches auf seiner letzten Fahrt im Jahre 1879 von Kalkutta nach London unterwegs war. Bei unserem Wrack handelt es sich aber um einen Dampfer. Unter Umständen entspricht die beschriebene Herkunft und der Name des Schiffes nicht den Tatsachen. Ein Tauchgang zur Seagull bleibt aber trotzdem ein großartiges Erlebnis.

TAUCHEN

Bei der Wrackstelle am Außenriff, unweit des großen Kanals, herrscht meistens starke Strömung. Wird von einem Safariboot getaucht, kann der beste Zeitpunkt abgewartet werden. Das Erkunden der Seagull macht nur bei wenig Strömung wirklich Spaß. Das Einfachste ist es, den Platz, der mit all den herumliegenden Wrackteilen von weitem zu erkennen ist, im Driftdive zu besuchen. Dieser Tauchgang ist fortgeschrittenen Tauchern vorbehalten. Im Winter, wenn der Monsun von Nordost kommt, zieht die vorherrschende Strömung von Westen nach

A

B

C

D

A - Von dem Bug der Seagull blieb nur noch das auf dem Riff ruhende Gerippe. Diese Metallkonstruktionen bilden einen sehr effektvollen Hintergrund für Gegenlichtaufnahmen.

B, C - Viele Fische haben sich in dem Wrack angesiedelt, darunter zahlreiche Fledermausfische (Platax teira) und Korallenbarsche (Cephalopholis miniata).

D - Im Inneren des Schiffes kann man noch viele Wein- und Sodawasserflaschen sehen, die von Madreporenkonkretionen überzogen sind.

Osten; deshalb beginnt der Tauchgang immer nicht weniger als 20 bis 30 m von den an der Oberfläche sichtbaren Wrackteilen entfernt, wenn man in Richtung des Riffs blickt. Auf diese Weise wird man sanft zu dem Wrackteil geschoben, das sich am Abhang befindet. Nachdem man es erforscht hat, kann man tiefer in Richtung des Hecks tauchen, das sicher das Interessanteste der Überreste ist. Steigt man quer zur Riffwand zur Oberfläche auf, dann begegnet man zwischen 25 bis 15 m Tiefe zahlreichen, horizontalen Spalten im Riff, die kleine Grotten bilden, wo unzählige rote Großaugenbarsche *(Myrypristis sp.)*, bunte Zackenbarsche *(Cephalopholis miniata)* und häufig auch Feuerflundern *(Taeniura melanospilos)* leben, die auf dem Grund schlafen. In der Nähe der Schiffsschraube befindet sich zwischen dem Schiff und dem Meeresgrund die große Höhle einer Zebra-Muräne *(Gymnothorax favagineus)*, die häufig neugierig den Tauchern entgegenschwimmt.

LEBEWESEN

Auch wenn bei Wracktauchgängen die besonderen Eindrücke und Erlebnisse sicher dominieren, sollte ebenso dem Leben an diesen künstlichen Riffen Beachtung geschenkt werden. Zwischen den verschiedenen Wrackteilen auf der Riffplatte und am Abhang liegen Ammenhaie *(Nebrius ferrugineus)*. Das Gerippe des ehemaligen Bugs wird von vielen tausend Fahnenbarschen *(Pseudanthias squamipinnis)* umschwirrt. Viele pelagische Fische – Jacks *(Caranx sp.)*, Barrakudas *(Sphyraena sp.)*, aber auch Adlerrochen *(Aetobatus narinari)* und Grauhaie *(Carcharhinus amblyrhynchos)* – patrouillieren an dem am Fuß des Riffs liegenden Heckteil hin und her.

SICHERHEIT

Die Strömung, die am Außenriff entlang sehr stark sein kann, macht ein Verbleiben am Wrack schlichtweg unmöglich und muß unbedingt berücksichtigt werden. Beim Eindringen in das Heckteil des Wracks auf 30 m Tiefe, ist Vorsicht geboten, da viele Durchgänge sehr eng und durch Eisenteile versperrt sind. An den vorstehenden scharfen Metallresten und vor allem am Gerippe des Bugs kann sich der Taucher verletzen.

Aufgrund der Verletzungsgefahr an den Eisenteilen ist das Tragen von Schutzhandschuhen erlaubt. Einem normalen Tauchgangprofil entsprechend soll der auf Tiefe liegende Teil des Wracks zuerst besucht werden und der Tauchgang dem Buggerippe entlang hinauf zur Riffplatte beendet werden.

UMWELTSCHUTZ

Versunkene Schiffe verwandeln sich im Laufe der Zeit in künstliche Riffe. Auch hier gelten die gleichen Gesetze wie am Korallenriff.

FOTOGRAFIE

Um möglichst viel von dem Wrack auf das Bild zu bekommen, sollte, wenn möglich, eine sogenannte vollformatige Fisheye-Optik benutzt werden. Auch Superweitwinkelobjektive mit Brennweiten von 14 mm oder 15 mm bringen gute Resultate. Empfehlenswerte Motive: Steuerruder und Schiffsschraube gegen das blaue Wasser und das Buggerippe mit einem Taucher im Gegenlicht.

E

F

E - Ein Bullauge, das praktisch ein Teil der Natur geworden ist, öffnet sich an der Seite der Seagull.

F - Unter den Gästen des Wracks befindet sich ebenfalls ein herrlicher Kaiserengelfisch (Pomacanthus imperator).

LHAVIYANI ATOLL - *FELIVARU*

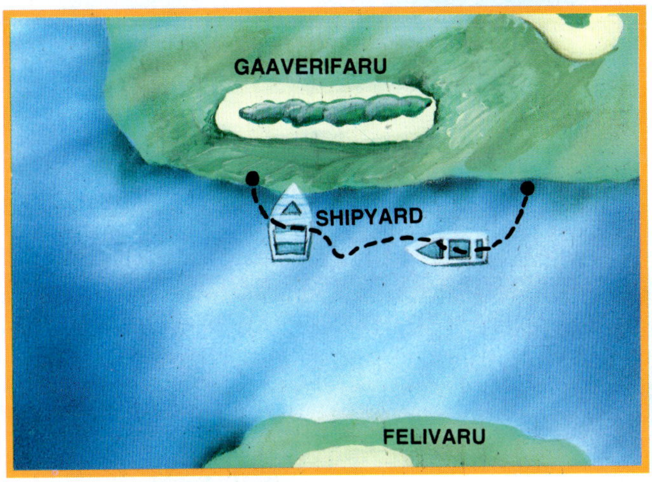
GAAVERIFARU
SHIPYARD
FELIVARU

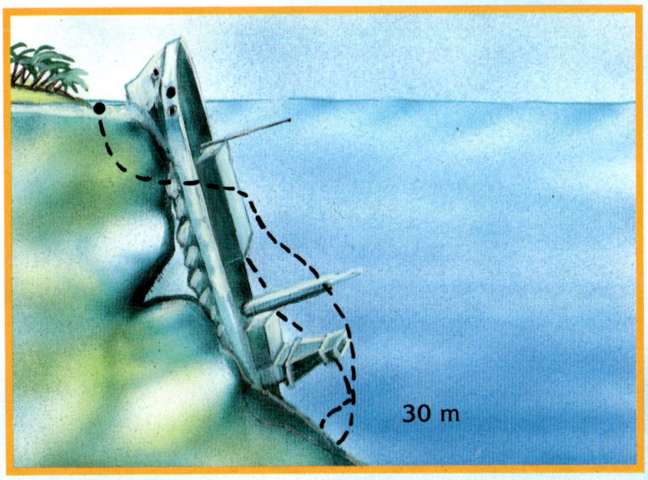
30 m

A

B

C

D

LAGE

Die beiden Schiffswracks von Felivaru befinden sich im westlichen Teil des Atolls von Lhaviyani, in dem Kanal, der die Inseln Felivaru und Gaaverifaru voneinander trennt. Der Bug eines dieser Schiffe taucht etwa fünf Meter über dem Wasser auf. Beide Wracks liegen auf einem Boden von 30 m Tiefe. Das erste, das über dem Wasserspiegel hervorsteht, ruht mit dem Heck auf dem Boden, während die Steuerbordseite sich an die Wand des Durchgangs lehnt; das zweite Wrack, das bis Herbst 1992 senkrecht lag, liegt nun auf der linken Seite auf dem Meeresboden. Sie sind etwa 30 m voneinander entfernt.

E

F

A - Die Tauchstelle ist dank des etwa fünf Meter über die Wasseroberfläche hinausragenden Bugs eines der beiden Wracks gut erkennbar.

B, C - Beide Wracks von Felivaru sind von großen Weichkorallen überzogen, die mit der Zeit die Metallaufbauten verändert haben.

D - Ein Kaiserengelfisch (Pomacanthus imperator) schwimmt, von einem Schwarm kleiner Anthias (Pseudanthias squamipinnis) begleitet, über das Deck eines der Wracks, das sich in einen richtigen Korallengarten verwandelt hat.

E - Der geisterhafte Umriß des Schiffes hebt sich gegen das Blau des Meeres ab.

F - Eine Gruppe von Fledermausfischen (Platax teira) läßt sich von der Strömung über die Kommandobrücke tragen.

G - Silberglänzende Glasfischschwärme (Parapriacanthus guentheri) bewegen sich im Inneren des Wracks.

H - Ein Korallenbarsch (Cephalopholis miniata), den die Gegenwart des Fotografen neugierig gemacht hat, schaut aus dem sicheren Schutz des Wracks hervor.

I - Die Anthias (Pseudanthias squamipinnis), die Formen und lebhaften Farben der Schwämme und der Weichkorallen mildern die Dramatik, die von derartigen Wracks unweigerlich ausgeht.

G

GESCHICHTE

Diese beiden japanischen Kühlschiffe wurden 1980 im Auftrag des Reeders ohne erkennbaren Grund mit ihrer ganzen Ladung versenkt.

TAUCHEN

Um bei klarem Wasser zu tauchen, sollte man bei einlaufender Strömung ins Wasser gehen. Das Dhoni geht nicht vor Anker. Die Taucher springen in der Nähe des Riffs ab, etwa 30 m oberhalb des Wracks, und sie begeben sich in den von dem Schiffswrack geschützten Bereich, wo keine Strömung herrscht. Nachdem man die Frachträume und die Strukturen des Schiffs erforscht hat, läßt man sich von der Strömung zum zweiten Wrack tragen; wenn man dieses besichtigt hat, steigt man quer längs der Wand wieder auf.

LEBEWESEN

Dies ist gewiß eine der schönsten und farbigsten Tauchstellen der Malediven. Die Schiffswracks sind heute ganz von Madreporen und Korallentieren überzogen und von einer Vielfalt von Tropenfischen des Korallenriffs umgeben. Die Korallen sind intakt, denn im Atoll von Lhaviyani gibt es nur ein Feriendorf (Kureddu), das wöchentlich eine einzige Tauchpartie zu den Wracks organisiert, um die Korallen zu schützen. Die beste Art, um dorthin zu gelangen, ist mit einem Kreuzer. Um das aufrechte Wrack herum steht ein Schwarm von Fledermausfischen *(Platax teira)*. Im hinteren Laderaum, der auf dem Meeresboden ruht, kann man leicht auf einen großen Ammenhai *(Nebrius ferrugineus)* treffen, der im Schutz der Stahlbleche ruht. Besonderes Merkmal des liegenden Wracks ist die Vielzahl der aus den Bullaugen herausschauenden Muränen *(Gymnothorax sp.)*. Da die beiden Wracks in einem Durchgang liegen, kann man pelagische Fischarten antreffen, wie Thunfische *(Thunnus sp.)*, Stachelmakrelen *(Caranx sp.)* und Haie *(Carcharhinus amblyrhynchos)*.

SICHERHEIT

Die Lage und die Tiefe des Wracks stellen kein Problem für diesen Tauchgang dar, wenn die Strömung nicht zu stark ist. Die Laderäume dürfen nur von fortgeschrittenen Tauchern mit großer Erfahrung und mit einer guten Lampe erforscht werden. Beim Beenden des Tauchgangs sollte man sich mindestens 20 m vom Riff entfernen, um problemlos ins Boot klettern zu können.

UMWELTSCHUTZ

Die Wracks sind vollständig von verschiedenartigen Lebeswesen überzogen, deshalb sollte man sich nicht daran lehnen und auch nichts berühren. Es wird geraten, Handschuhe zu tragen, und man sollte stets gut darauf achten, wohin man mit den Händen faßt.

FOTOGRAFIE

Aufgrund der Abmessungen der Wracks (35 m respektive 25 m) gelingt es kaum, sie ganz ins Visier zu bekommen, selbst nicht mit einem sehr großen Weitwinkelobjektiv. Gute Aufnahmen gelingen beim Fotografieren der Platax, der Schiffsaufbauten und insbesondere der von Korallentieren überzogenen Schiffsschraube. Beide Relikte sind gewiß das Paradies der Makrofotografie.

H

I

KUREDDU-EXPRESS

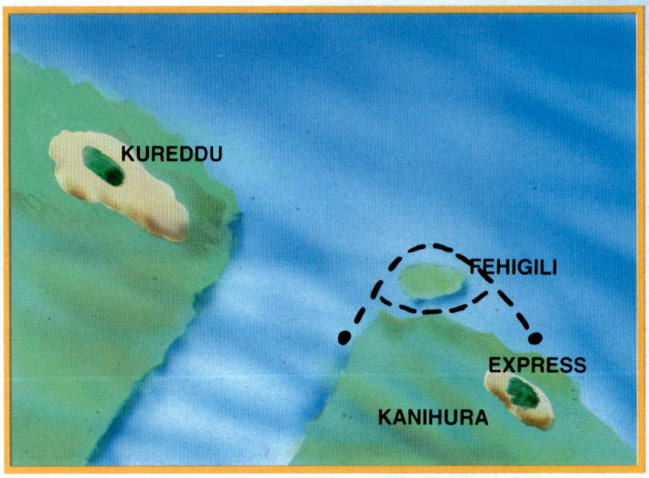

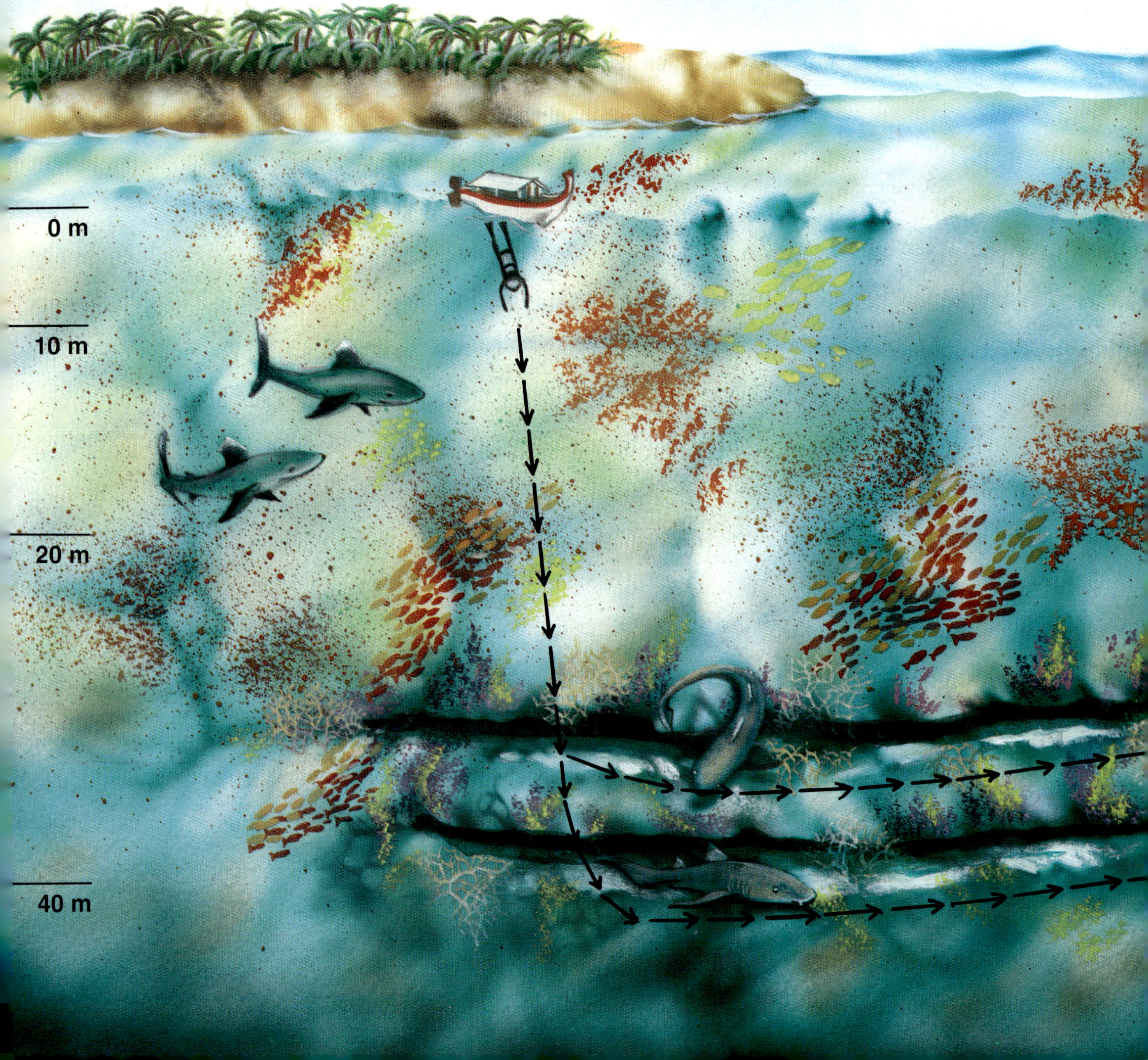

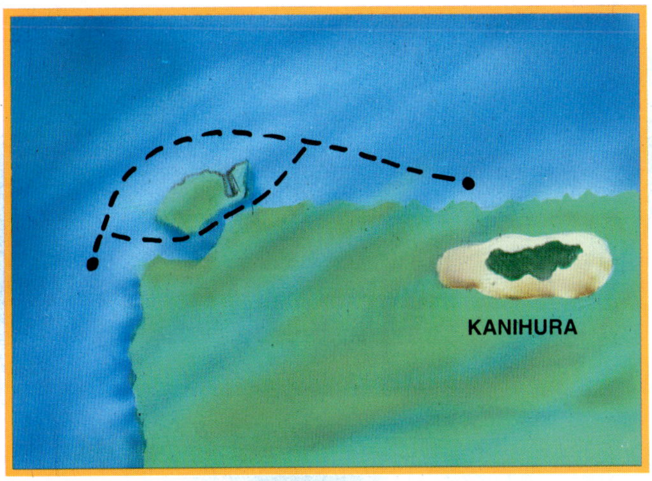
KANIHURA

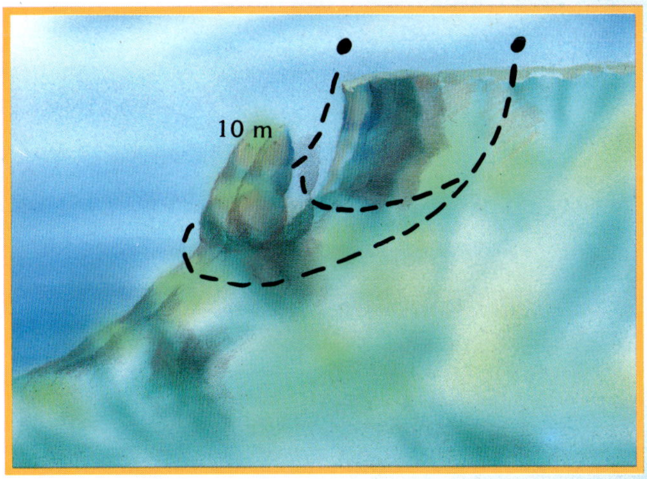
10 m

A

B

A - Das Foto hebt die zarte Filigranstruktur eines Gorgonienastes hervor.

B - Ein Korallenbarsch (Cephalopholis miniata) wartet zwischen den Ästen einer Weichkoralle versteckt auf Beute.

C - Seltene blaue Weichkorallen überziehen die Riffwand.

LAGE

Kureddu-Express liegt im nördlichsten Sektor des Atolls von Lhaviyani und bildet die südliche Ecke des Kanals, der die Inseln Kureddu und Fehigili voneinander trennt. In Kureddu befindet sich das einzige Feriendorf des Atolls von Lhaviyani.

TAUCHEN

Man taucht nur bei leicht in das Atoll eintretender Strömung oder zwischen zwei Gezeiten. Der Tauchgang beginnt gegenüber der kleinen Insel Fehigili, dann hält man sich rechts von der Wand und nähert sich der Ecke des Kanals, wo man um den Turm herumschwimmen oder am Fuß desselben verhalten kann, um in dieser blauen Welt auf vorbeischwimmende Adlerrochen *(Aetobatus narinari)*, Haie *(Carcharhinus amblyrhynchos)* oder Thunfische *(Thunnus sp.)* zu warten. Um den Tauchgang zu beenden, läßt man sich von der Strömung in das Atoll tragen, wobei man nahe an der linken Wand des Eingangskanals bleibt.

LEBEWESEN

Die äußere Wand, wo der Tauchgang beginnt, ist in einer Tiefe von 30 bis 35 m durch zahlreiche horizontale Einschnitte gekennzeichnet, die sich über 23 m in das Riff hineinziehen und so Spalten bilden, in denen sich eine Vielzahl der Fischbevölkerung des Riffs aufhält. Von den Gewölben dieser etwa zwei Meter hohen Grotten hängen in dichten Büscheln lilafarbene und hellblaue Korallentiere. Eindrucksvollstes Element ist ein Madreporpilz, der sich direkt an der Ecke des Kanals von der Wand abgelöst hat. Um diesen gedrungenen Turm herum bewegt sich ein Schwarm von Jacks *(Caranx sp.)*, und man kann ebenfalls Adlerrochen und Grauhaie sehen. Der Pilz weist eine große, senkrechte Spalte auf, in der große Muränen *(Gymnothorax javanicus)* in einer Höhle leben. Der Gang, der den Pilz von der Wand trennt, ist von großen Korallentieren und schwarzen Korallenformationen überzogen, um die sich dichte Schwärme von Süßlippen *(Plectorhynchus sp.)*, Schnappern *(Lutjanus sp.)* und Großaugenbarschen *(Priacanthus hamrur)* tummeln, die herrliche polychrome Farbflecken erzeugen. Sobald man sich in den Kanal begibt, der keine senkrechte Wand hat, sondern terrassenartig gestaltet ist, kann man ganzen Familien von Napoleonfischen *(Cheilinus undulatus)* jeder Größe begegnen.

SICHERHEIT

Allein der Name Express sagt schon aus, wie stark die Strömung manchmal in diesem Gebiet sein kann; darum muß der Divemaster vor der Tauchergruppe ins Wasser gehen, um die Strömung zu prüfen. Da es sich hierbei um einen Driftdive handelt, müssen sämtliche Kabel (Manometer und Zusatz-Lungenautomat) gut befestigt sein, damit sie sich nicht in den Korallenästen verfangen können. Wichtig ist auch, daß man, sobald man sich in dem Kanal befindet, immer in der Nähe der Wand bleibt, um einen Orientierungspunkt und einen Halt für die Dekompressionstufe zu haben.

C

UMWELTSCHUTZ

Eine korrekte Tarierung ist von grundsätzlicher Bedeutung, um den Boden nicht zu beschädigen, vor allem beim Tauchen in der Strömung.

FOTOGRAFIE

Hier kann man alle Weitwinkelobjektive einsetzen, das 15-mm- oder das 20-mm-Objektiv. Ausgezeichnete Aufnahmen schießt man vom Inneren der Grotten nach außen, wobei man die vom Gewölbe hängenden Korallentiere ins Visier nimmt (mit nach oben gerichtetem Blitzlicht beleuchten), im Hintergrund ein im blauen Wasser schwimmender Taucher.

D

D - Ein großer Jack (Caranx ignobilis) streift einsam am Korallenriff vorbei.

E - Ein Schwarm von Blaustreifen-Schnappern (Lutjanus kasmira) steigt längs der mit goldenen Reflexen gemusterten Riffwand auf.

E

G

F

F - Eine Riesenmuräne (Gymnothorax javanicus) schaut, von winzigen Putzergarnelen umgeben, aus ihrer Höhle heraus.

G - Ein Falterfisch (Chaetodon falcula) zeigt sein typisches, von zwei großen Rückenflecken gekennzeichnetes Farbenkleid.

BAA ATOLL - *DIGALIHAA THILA*

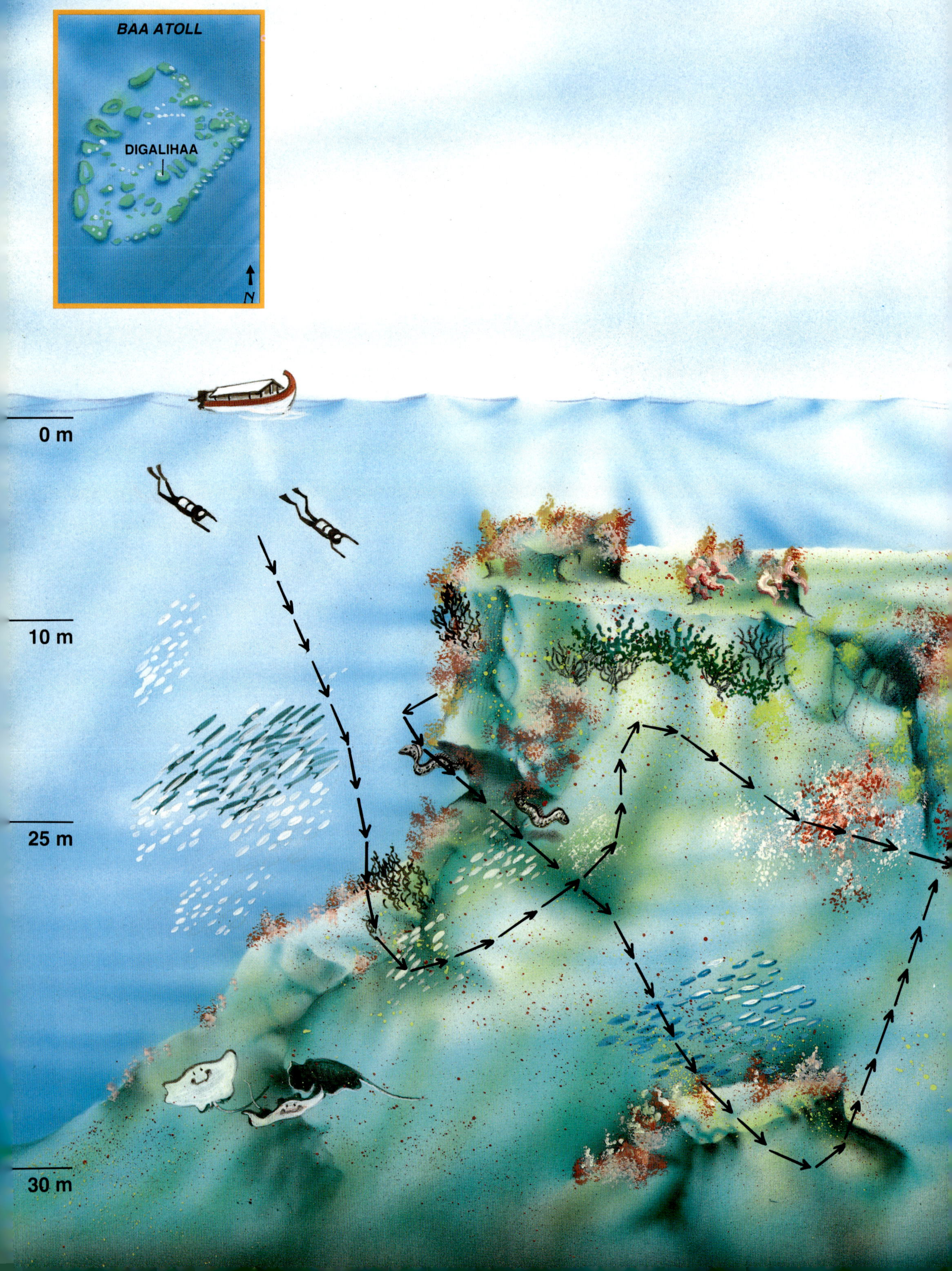

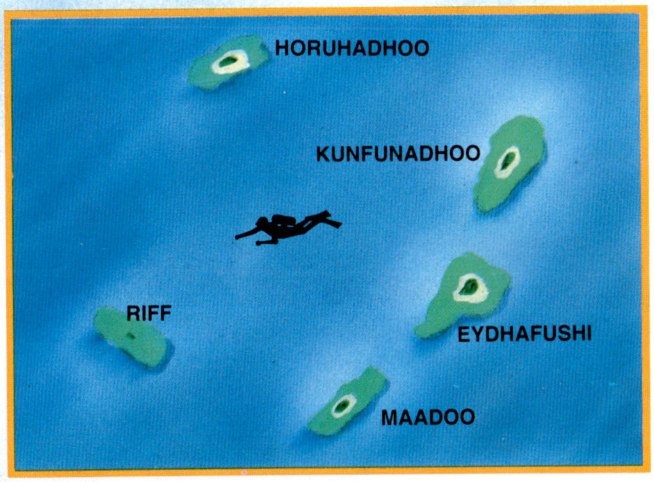
HORUHADHOO
KUNFUNADHOO
RIFF
EYDHAFUSHI
MAADOO

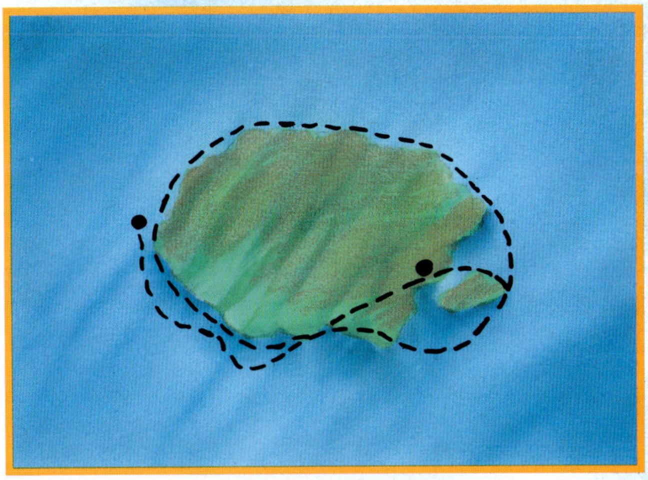

LAGE

Digalihaa Thila liegt im Baa Atoll. Die benachbarten Inseln sind das ehemalige Tourist-Resort Kunfunadhoo und die beiden Inseln Eydhafushi und Maadoo. Der höchste Punkt des Thilas reicht bis ca. sieben Meter unter die Oberfläche, und der Durchmesser beträgt ca. 80 m. Ab 30 bis 40 m Tiefe wird der Meeresgrund wieder relativ flach. Digalihaa ist ein Platz, der nicht viel betaucht wird. Da im Baa Atoll zur Zeit kein Tourist-Resort existiert, ist der Besuch nur den Safaribooten vorbehalten.

TAUCHEN

Auch bei Digalihaa kommt die klassische Technik des Thila-Tauchens zum Tragen, die wir bereits vorher analysiert haben. Dieser Ort darf bei starker Strömung ausschließlich vom offenen Meer her mit der Strömung betaucht werden. Die Riffvorsprünge bieten guten Schutz vor starker Strömung. Man kann eine ganze Runde um die Korallenplattform machen, die ziemlich groß ist, allerdings unter der Bedingung, daß keine Strömung herrscht und der Tauchgang etwas unterhalb des Riffrandes erfolgt.

LEBEWESEN

Digalihaa begeistert die Taucher durch einen enormen Fischreichtum. Wie eine Oase im Meer zieht das Thila die Meerestiere an. Imposant sind riesige Schwärme von Makrelen *(Caranx sexfasciatus)*, die um das Riff ziehen. Ein großer Schwarm von Barrakudas *(Shpyraena sp.)* steht regelmäßig über der Riffkante im blauen Wasser, und etliche große Grauhaie *(Carcharhinus amblyrhynchos)* sind, starke Strömung vorausgesetzt, immer zu sehen. Neben diesen pelagischen Fischen ist aber auch die ganze Palette der tropischen Korallenfische in großer Anzahl präsent. Die Fische sind generell etwas scheu, was darauf zurückzuführen ist, daß an diesem Platz nur wenig getaucht wird. Auf der Riffoberfläche lohnt es sich, unter

A

A - Ein Grauer Riffhai (Carcharhinus amblyrhynchos) wird von einem kleinen Pilotfisch (Echeneis naucrates) begleitet, der sich unter seinem Maul verankert hat. Der Bauch des Hais weist zahlreiche Verletzungen auf, vermutlich „Souvenirs" einer „Liebesbegegnung".

B

B - Ein Taucher schwimmt durch einen Schwarm von Gelbschwanz-Füsilierfischen (Caesio teres), die sich von ihren Artgenossen durch die lebhafte Gelbfärbung des Rückens und der Schwanzflosse unterscheiden.

D

C

C - Einige Fledermausfische (Platax teira) wiegen sich mit der ihnen eigenen Eleganz im Rhythmus der Strömung.

D - Ein Schwarm von Carangidae (Caranx sexfasciatus) schwimmt an der Riffwand entlang.

die großen Korallenblöcke zu schauen. Meistens liegen da nämlich große Ammenhaie *(Nebrius ferrugineus).* Ein Korallenblock auf dem Plateau ist völlig mit einer riesigen Seeanemone überwachsen, die Hunderte von Clownfischen *(Amphiprion nigripes)* beherbergt. Besonders die Oberfläche des Thilas ist mit vielen Weichkorallen bewachsen, ein ganzer Wald von schwarzen Korallen steht auch am nordwestlichen Riffabfall. Wenn keine Strömung herrscht, steht über dem Thila ein riesiger Schwarm von Makrelen *(Caranx sexfascialus),* die häufig im Kreis schwimmen und so von unten außergewöhnliche Aufnahmemotive bieten. An der Nordwand trifft man auf eine Gruppe von Fledermausfischen *(Platax teira),* die man aufgrund ihrer fast weißen Pigmentierung fast als „Albinos" bezeichnen könnte. Hier muß das Blitzgerät bei Nahaufnahmen genau dosiert werden. In der Spalte, die die Untiefe von Norden nach Süden durchschneidet, befinden sich seltene, weißgoldene Gorgonien.

SICHERHEIT

Ein Punkt muß besonders hervorgehoben werden: Die Haie an diesem Platz sind nicht an Taucher gewöhnt und reagieren noch instinktiv. Wie wir selbst erlebten, waren die Tiere durch die Fischabfälle, welche vom Koch unmittelbar vor dem Tauchgang über Bord geworfen wurden, in eine Art „Freßwut" geraten. Etliche Scheinangriffe und Attacken auf hellfarbene Schwimmflossen und Kameras waren das Resultat. Wenig erfahrene Taucher könnten in derartigen Situationen leicht in Panik geraten. Von der Tiefe her wird dieser Platz allen Erfahrungsstufen gerecht. Da die Riffoberfläche auf ca. sieben Meter liegt, muß bei Driftdives der Sicherheitshalt im freien Wasser durchgeführt werden. Da die Taucher dann vom Thila weg ins offene Wasser getrieben werden, ist der Parachut oder die Scubatuba ein Muß.

UMWELTSCHUTZ

Digalihaa ist ein wenig betauchter Platz. Schäden aus der Zeit, als das Tauchen noch weniger umweltfreundlich betrieben wurde, sind hier nicht zu sehen. Sämtliche Regeln und Vorschriften zum Schutze der Unterwasserwelt kommen auch hier zum Zuge.

FOTOGRAFIE

An diesem Platz kann ein engagierter Fotograf eine Woche lang fotografieren, ohne daß die Motive ausgehen. Vor allem der Schwarm von Makrelen ergibt spektakuläre Einstellungen. Hier soll der Fotograf versuchen, seinen Tauchpartner oder sein Modell in die Mitte des Schwarms schwimmen zu lassen. Die Fische beginnen in den meisten Fällen einen Kreis zu drehen. Das Bild zeigt dann eine Spirale von Fischleibern mit einem Taucher in der Mitte. Für diese Situation ist ein Weitwinkelobjektiv mit einem Aufnahmewinkel von 90° bis 160° am vorteilhaftesten. Das Blitzen ist genau zu dosieren, damit die Makrelen nicht überstrahlt werden.

E

F

G

H

E - Diese Anemone, die einen Korallenblock vollständig überzogen hat, bietet zahlreichen Anemonenfischen (Amphiprion nigripes) Zuflucht, die leicht an ihrer gelb-orangenen Farbe und dem weißen Streifen zu erkennen sind.

F, H - Zahlreiche vielfarbige Weichkorallen verzieren die Wände des Riffs.

G - Die kompakte Oberfläche des Meeres bildet den Hintergrund für diese Aufnahme eines herrlichen Gorgonienfächers.

RASDHOO - *MADIVARU KANDU*

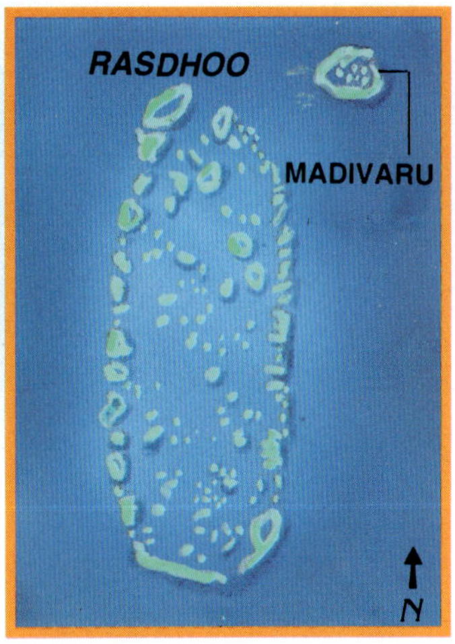

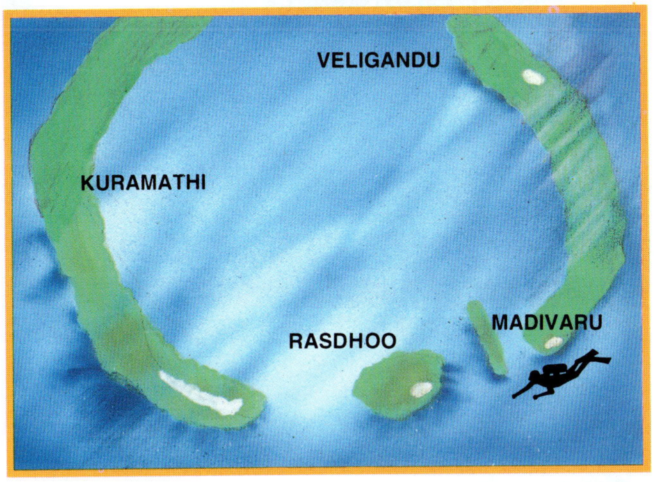
VELIGANDU
KURAMATHI
RASDHOO
MADIVARU

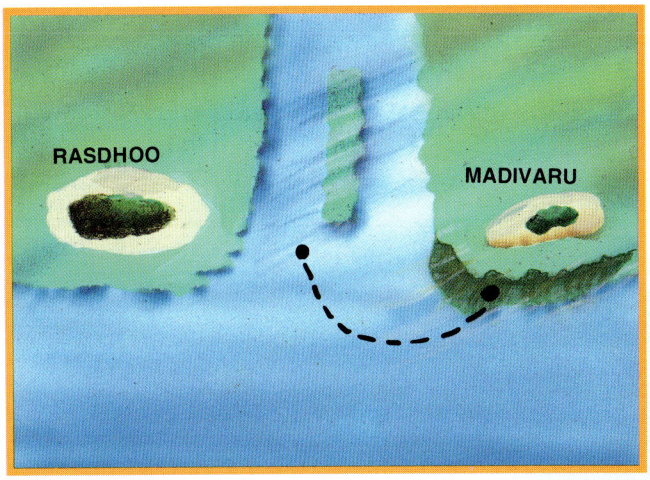
RASDHOO
MADIVARU

LAGE

Diese Tauchstelle befindet sich südlich von Rasdhoo, einem kleinen Atoll nördlich von Ari, das vier Inseln umfaßt: Rasdhoo, Veligandu, Kuramathi und Madivaru. Genauer gesagt handelt es sich um die Stufe am äußeren Rand des Kanals, der Madivaru von Rasdhoo trennt.

A

TAUCHEN

Ein Tauchgang, der im allgemeinen mit viel Geduld und Warten verbunden ist, um die großen pelagischen Fische beobachten zu können. Man geht längs des Außenriffs der Insel Madivaru ins Wasser, und in einer Tiefe von 18 bis 20 m gelangt man auf einen terrassenartigen, sandigen Vorsprung, der etwa 30 m breit ist. In südlicher Richtung durchquert man ihn in der Breite, und man gelangt zu einer tief ins Blau abfallenden Wand. Man hält sich rechts von dieser Wand und erreicht in etwa 30 m Tiefe die Ecke des Durchgangs. Hier bleibt man stehen, um den Durchgang zu betrachten, dann läßt man sich von der Strömung, die nur selten sehr stark ist, hineintragen.

A - Im Kanal, der Madivaru von Rasdhoo trennt, trifft man häufig auf kleine Schwärme von Fledermausfischen (Platax teira).

B

B - Eine richtige- Mauer von Schnappern (Lutjanus kasmira) zieht an dem Fotografen vorbei. Diese Fische schließen sich zu großen Schwärmen zusammen, um sich vor den großen Raubfischen zu schützen.

C

C - Die Brustflossen und die breitstrahligen Stacheln verleihen dem Rotfeuerfisch (Pterois volitans) ein anmutiges, zartes Aussehen, hinter dem er seine ganze tatsächlich vorhandene Gefährlichkeit verbirgt.

D

D - Der Taucher beleuchtet die Weichkorallen, die die Korallenwand überziehen, und macht so ihre lebhaften Farben erkennbar.

LEBEWESEN

Dies ist eine der berühmtesten Beobachtungsstellen für Hammerhaie *(Sphyrna lewini)*. Die großen Wanderungen dieser Haie führen diese Fische regelmäßig durch diesen Kanal zwischen den Atollen Ari und Rasdhoo. Der günstigste Zeitpunkt des Tages ist kurz nach dem Sonnenaufgang, wenn die Haie nicht zu tief vorbeiziehen. Im Laufe dieser Tauchgänge kann man Schwärme von Makrelen *(Caranx sexfasciatus)* und Barrakudas *(Sphyraena barracuda)* sowie große Thunfische *(Thunnus sp.)* sehen. In dem Kanal befinden sich Schwärme von Blaustreifen-Schnapper *(Lutjanus kasmira)*, Fledermausfischen *(Platax teira)* und Silberspitzenhaien *(Carcharhinus albimarginatus)*.

E - Die Tauchgänge auf den Malediven sind häufig von konstanten Vorgängen begleitet, wie dem Treffen mit einem großen Schwarm von Barrakudas (Sphyraena sp.), die elegant in der Strömung schwimmen.

SICHERHEIT

Man überwache sorgfältig die Tiefe, denn die Hammerhaie schwimmen häufig unter der Stufe durch die Passage, und bei besonders klaren Sichtverhältnissen hat man den Eindruck, sie zu berühren, während sie viel tiefer sind, als für Sporttaucher zulässig ist.

E

F

F - Schwämme, Gorgonien und Weichkorallen verwandeln den Meeresboden des Archipels der Malediven in einen herrlichen Unterwassergarten, in dem der Fotograf unzählige interessante Motive finden kann.

UMWELTSCHUTZ

Bei der Auswahl der Beobachtungsstelle achte man auf die zahlreichen Gorgonien an der Wand und auf den kleinen Stufen des Riffs. Bei Strömung klammere man sich so wenig wie möglich fest und wenn, dann immer an toten Madreporen, die guten Halt bieten.

FOTOGRAFIE

Die empfohlenen Objektive, 20 und 28 mm, eignen sich für Aufnahmen großer Fischschwärme. Das Blitzgerät stelle man so schwach wie möglich ein, denn die Fische, die man fotografieren möchte (Haie, Barrakudas, Thunfische) spiegeln das Licht sehr stark wider. Die besten Aufnahmen macht man von unten nach oben, mit dem Umriß der Fische im Gegenlicht.

G

G - Madivaru Kandu ist wegen der hier anzutreffenden Hammerhaie (Sphyrna lewini) berühmt. Um diese eindrucksvollen Fische besser beobachten zu können, sollte man in den frühen Morgenstunden tauchen, wenn die Haie in nicht sehr großer Tiefe vorbeiziehen.

ARI ATOLL - *UKULAS THILA - MANTA POINT*

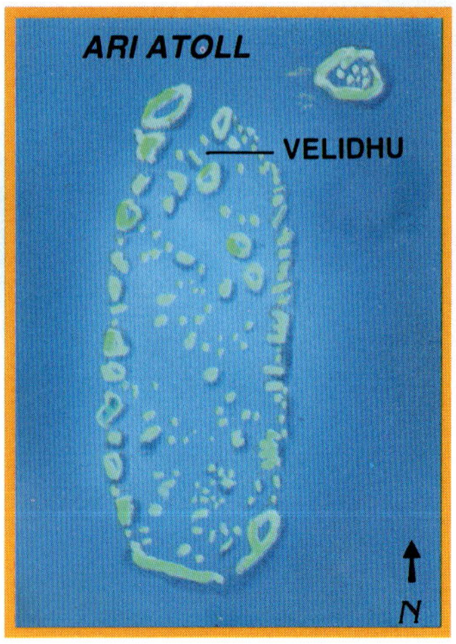

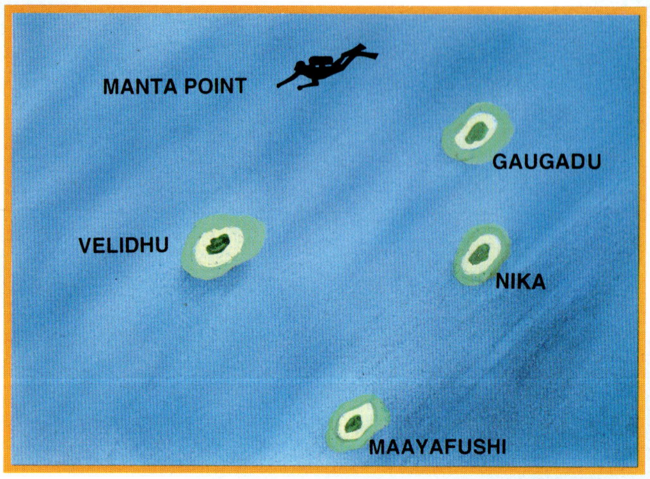

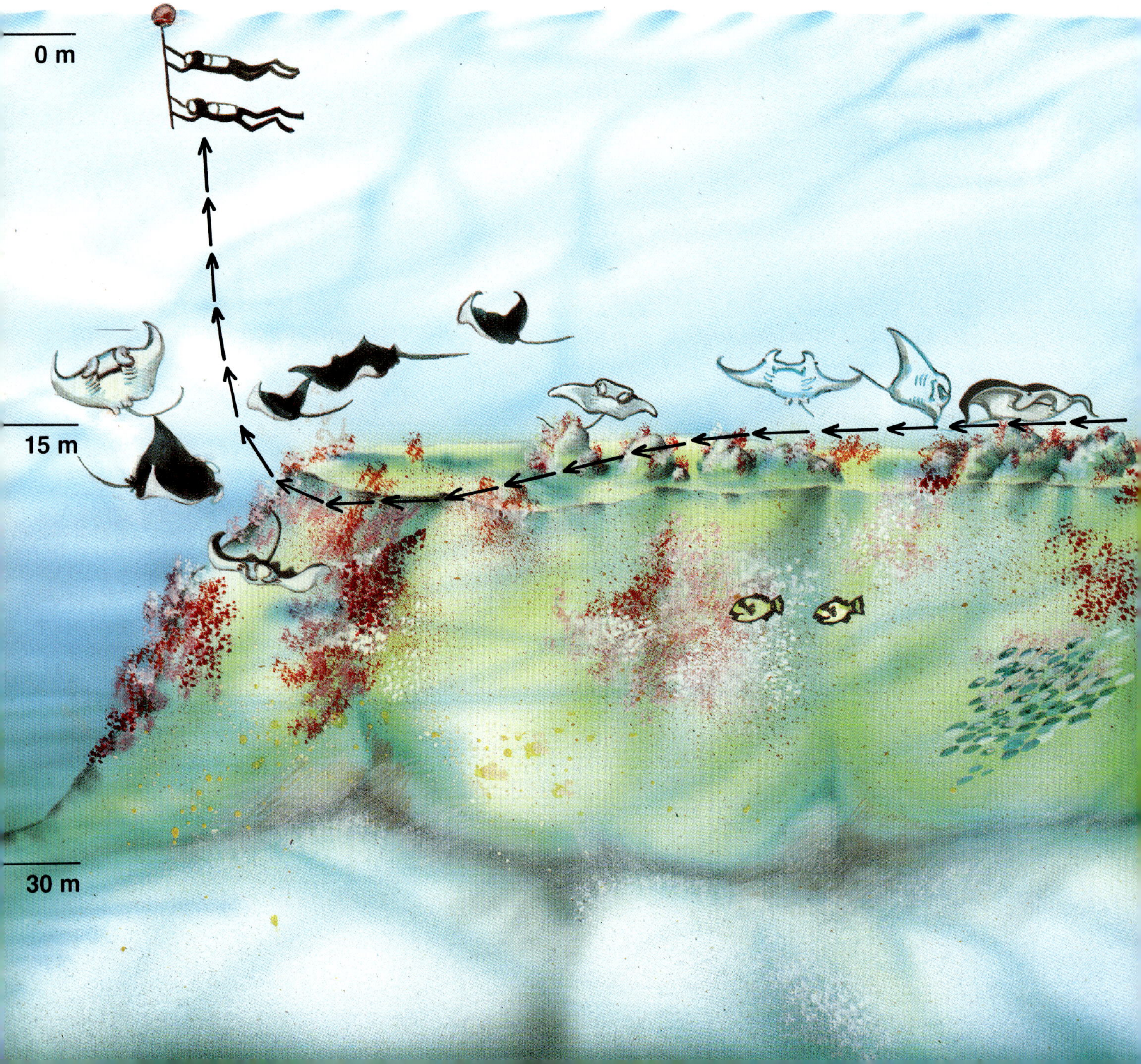

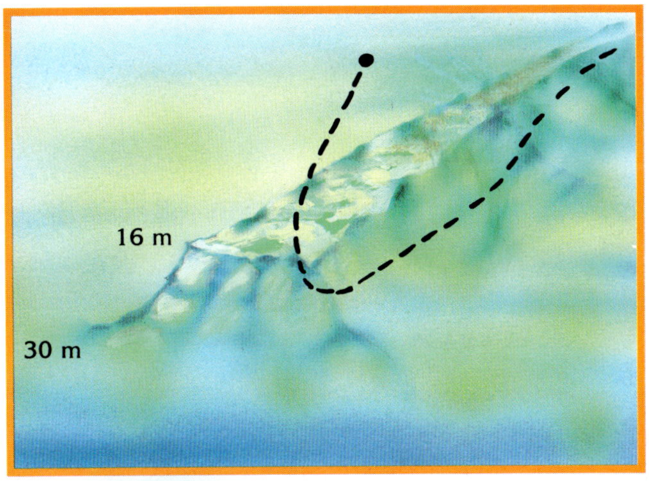
16 m
30 m

LAGE

Der Manta Point liegt im nördlichsten Ausgangskanal des Ari Atolls. Die benachbarten Inseln sind Nika, Gaugadu und Velidhu, weiter südlich liegt Maayafushi. Von da aus ist dieser ganz besondere Ort ca. 20 Kilometer entfernt. Manta Point ist eigentlich nur eine flache Anhöhe, die sich vom 30 m tiefen Kanalboden bis 16 m unter die Wasseroberfläche erhebt. Die Erhebung ist 250 m lang und liegt quer, von Ost nach West, im Kanal.

TAUCHEN

Der Manta Point ist ein Tauchgrund, der auf „Advanced"-Stufe besucht werden kann. Da der Platz gegen das weite, offene Meer liegt, können bei schlechtem Wetter große Wellen auftreten und hohe Anforderungen an die Taucher stellen. Die Lage des Riffs, querab zum Kanal, ist geradezu ideal, um diesen Ort mit der Strömung aus dem freien Wasser anzutauchen. Auf der Anhöhe oder bei stärkerer Strömung im Schutz des Abhanges kann nach den Mantas Ausschau gehalten werden. Die Grundzeit wird erheblich länger, wenn man versucht, auf der mit großen festen Korallenblöcken besetzten Erhebung zu bleiben; der notwendige Sicherheitshalt von drei Minuten pro Meter muß aber auf jeden Fall im freien Wasser absolviert werden.

LEBEWESEN

Die Hauptattraktion sind natürlich die Mantas *(Manta birostris)*, die der Taucher von Dezember bis Mitte April regelmäßig über der Westseite der Anhöhe antreffen kann. Biologisch betrachtet ist die Topographie und Lage des Thilas für Planktonfresser geradezu ideal. Die im rechten Winkel auf die lange Erhebung

A

D

B

C

A - Einige Riffbarsche (Chromis viridis) schwärmen um die Äste einer Acropora-Koralle. Diese Fische versammeln sich häufig zu großen Schwärmen, und sie siedeln sich bei ganz bestimmten Madreporenformationen an, bei denen sie Schutz und Nahrung finden.

B - Die Mantas (Manta birostris) sind eine der größten Sehenswürdigkeiten von Ukulas Thila. Erwachsene Exemplare können beachtliche Ausmaße erreichen, manchmal bis zu sechs Meter von einer Flossenspitze zur anderen.

C - Tagsüber trifft man häufig auf große Schwärme Schnapper (Lutjanus kasmira) an den Riffwänden.

D - Der dunkle Schatten eines Riesenmanta (Manta birostris) hebt sich gegen die helle Wasseroberfläche ab.
Im Gegensatz zu den Märchen und zum Volksglauben sind Mantas zahme, friedliche Tiere, die häufig keine Scheu vor den Tauchern zeigen.

treffende Strömung drückt das Wasser mit all den Mikroorganismen konzentriert und direkt zur Oberkante. Hier stehen dann die Mantas und brauchen nur noch das Maul zu öffnen. Auf dem Thila gibt es aber sehr viel zu entdecken. Abgesehen von ständig auf dem Riff stehenden Blaustreifen-Schnappern *(Lutjanus kasmira)* und Adlerrochen *(Aetobatus narinari)*, trifft der Taucher auf Meerestiere jeder Art, die mit der Strömung zufällig hierher gebracht wurden.

SICHERHEIT

Der Manta Point liegt mitten in einem Kanal, der nordwärts in das offene Meer mündet. Bei der Planung des Tauchganges muß diese Tatsache, vor allem bei ablaufendem Wasser, unbedingt berücksichtigt werden. Sämtliche in diesem Buch schon mehrfach besprochenen Sicherheitsvorkehrungen sind am Manta Point besonders wichtig. Wie schon erwähnt, können bei schlechtem Wetter hohe Wellen auftreten. Um von der Bootscrew schnell geortet zu werden, muß der Parachut gut gefüllt werden, so daß er wirklich weit über die Wasseroberfläche ragt.

UMWELTSCHUTZ

Die flache Erhebung ist über und über mit großen Korallenblöcken besetzt. Beim Vorrücken über das Riff ist, der Strömung entsprechend, genügend Abstand zu halten.

FOTOGRAFIE

Es ist nicht anzunehmen, daß es Fotografen gibt, die für diesen Tauchgang ihre Kamera mit dem Makroobjektiv bestücken. Sicher werden alle versuchen, einen oder sogar mehrere Mantas formatfüllend abzulichten. Die dazu notwendige Brennweite zu bestimmen ist schwierig, weil die Fluchtdistanz der Tiere je nach Situation verschieden ist. Um kontrastreiche Bilder zu erhalten, muß versucht werden, aus kürzester Distanz mit einem Superweitwinkelobjektiv zu fotografieren. Hier ist noch zu erwähnen, daß die Rochen weniger Scheu zeigen, wenn der Fotograf unter ihnen oder auf gleicher Höhe mit ihnen schwimmt. Bei Aufnahmen von Mantas und Haien, ja allen Großfischen, die im freien Wasser gemacht werden, darf man nur schwach blitzen, sonst werden die Tiere überstrahlt, der Hintergrund wird zu dunkel, und die schwebenden Teilchen im Wasser sind auf dem Bild zu sehen.

E

F

E - Auf dem Bild kann man deutlich sehen, wie die Mantas sich ernähren. Sie schwimmen in einem Gebiet, in dem viel Plankton vorhanden ist, und mit Hilfe der Kopfflossen leiten sie das Wasser mit den Mikroorganismen zum Maul.

G

F - Am Thila von Ukula trifft man häufig auf Adlerrochen (Aetobatus narinari). Diese Fische, deren Schwanz mit gezackten Stacheln versehen ist, die dreimal länger sind als der Körper, sind ziemlich scheu. Um sie besser beobachten zu können, sollte man unterhalb von ihnen schwimmen.

G - Ein Taucher schwimmt neben einem Riesenmanta (Manta birostris). Diese Fische haben eine dunkle Rückenfärbung und einen weißen Bauch mit einigen schwarzen Flecken.

H

H - Ein gefährlicher Steinfisch (Synanceia verrucosa) tarnt sich zwischen den Korallen und verwandelt sich praktisch in einen Felsen; die einzigen erkennbaren Körperteile sind das Maul und die Augen.

MAAYA THILA

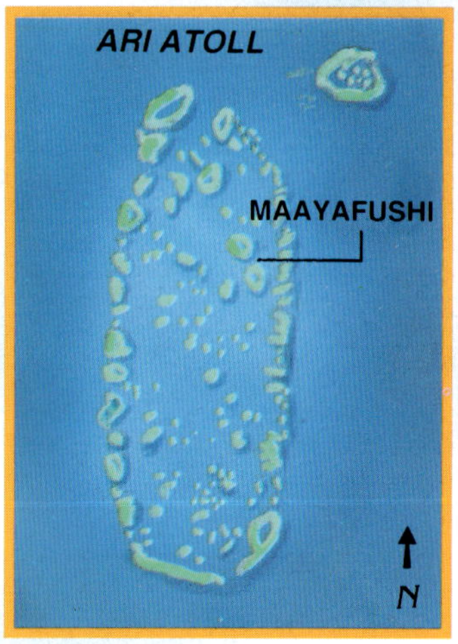

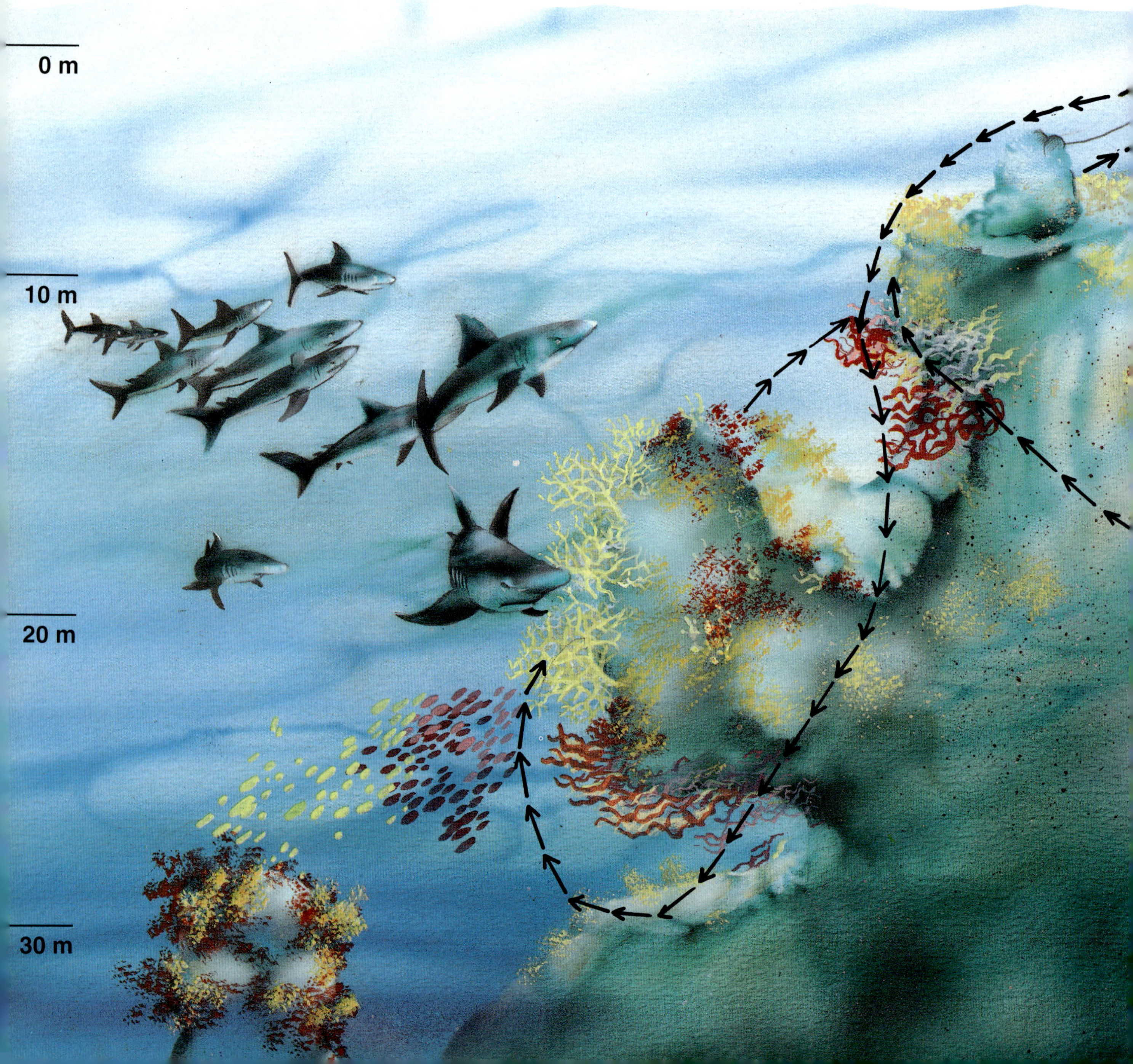

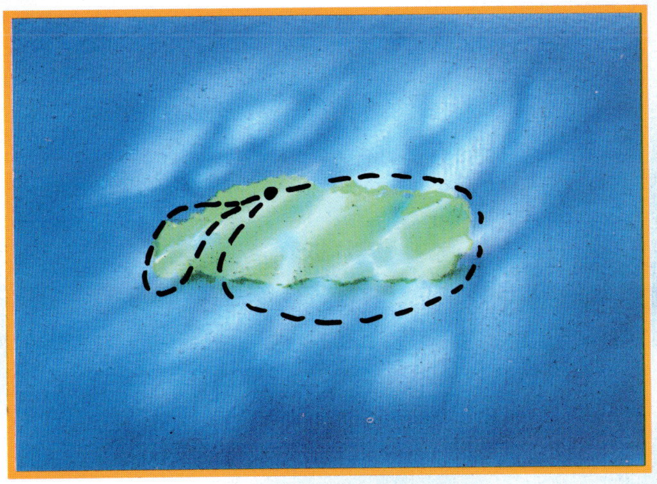

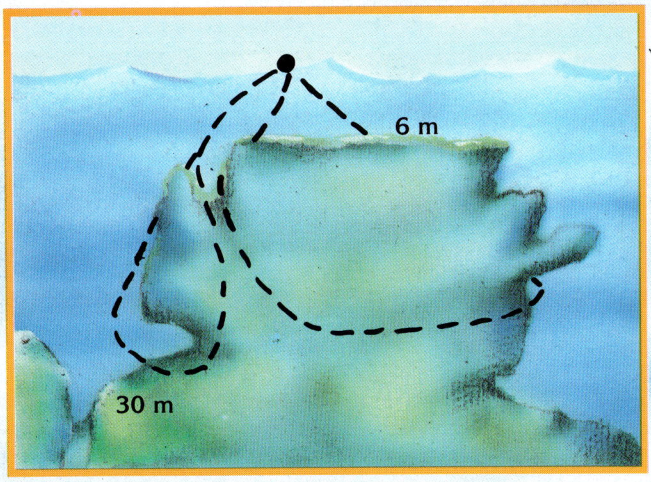
6 m
30 m

A

B

C

LAGE

Maaya Thila liegt im nördlichen Teil des Ari Atollis, am Innenriff, westlich von Maayafushi. Das Thila hat eine Größe von ca. 50 m auf 30 m und reicht bis ca. sechs Meter unter die Wasseroberfläche. Der Korallensockel befindet sich freistehend im Meer und ist deshalb eine Oase mannigfaltigen Lebens.

TAUCHEN

Auf dem Thila kann das Tauchboot an einem ständig dafür vorgesehenen Korallenblock festgemacht werden. Bei Strömung muß der Tauchgang gut geplant sein, so daß er mit der Restluft wieder beim Boot endet. Wie schon bei anderen Plätzen beschrieben, können Thilas dieser Art auch aus dem freien Wasser angetaucht werden. Wichtig ist bei dieser „Advanced"-Technik, daß die Richtung der Strömung und deren Geschwindigkeit genau eingeschätzt werden können. Bei wenig oder sogar ohne Strömung kann das Thila problemlos umrundet werden. Solche Tauchgänge hinterlassen bei den Besuchern natürlich den besten Eindruck von diesem Kleinod im weiten Meer.

D

E

LEBEWESEN

Alle, die einmal einen Krötenfisch *(Antennarius coccineus)* beobachten wollen, finden diese seltenen Gesellen auf 20 m Tiefe an der Nordseite bei einer kleinen Höhle; der Diveguide wird die Stelle sicher kennen. In der erwähnten Höhle leben auch zwei große Muränen *(Gymnothorax javanicus)*. Grauhaie *(Carcharhinus amblyrhynchos)* sind an diesem Ort in Gruppen bis zu 15 Tieren anzutreffen. Vorwiegend an der Ostseite steht ein großer Schwarm von roten Großaugenbarschen *(Myripristis vittata)*, und wunderschöne Weichkorallen und Gorgonien zieren die Überhänge und Steilwände. Eine große Meeresschildkröte *(Eretmochelys imbricata)* gehört zum Maaya Thila ebenso wie die großen Zebra-Muränen *(Gymnomuraena zebra)* auf der Riffkante. An der Westseite der Untiefe, in einer Entfernung von etwa 20 m und einer Tiefe von 30 m, steigt eine große Korallenformation vom Meeresboden auf. Im oberen Teil dieses vier Meter hohen und zehn Meter im Durchmesser messenden Korallenpilzes steht ein Schwarm Blaustreifen-Schnapper *(Lutjanus kasmira)*, die eine herrliche, sich ständig bewegende, gelbe Masse bilden und somit ein ausgezeichnetes Fotomotiv sind. In dem Durchgang zwischen Thila und Korallenpilz stößt man auf einen großen Schwarm kleiner, silberner Barrakudas *(Sphyraena sp.)*. Zwei große Schwarzkorallenbäume an der Außenseite des Turms bieten zahlreichen Langnasen-Korallenwächtern *(Oxycirrhites typus)* Zuflucht.

SICHERHEIT

Von der Übersichtlichkeit des Platzes und der Tiefe her betrachtet, ist Maaya Thila ein idealer Tauchgrund für alle Erfahrungsstufen. An gewissen Tagen und Zeiten stellt die Strömung natürlich höhere Anforderungen an die Taucher. Eine genaue Besprechung über den Ablauf des Tauchganges und die notwendige Sicherheitsausrüstung, vor allem ein Parachut, sind dringend notwendig.

UMWELTSCHUTZ

Maaya Thila ist im Vergleich zu anderen Tauchplätzen ein kleiner und kompakter Ort. Das Leben und die Tauchaktivität konzentrieren sich auf diese Stelle. Sämtliche Techniken für umweltgerechtes Tauchen, die zu Beginn des Buches im Detail beschrieben sind, kommen hier ganz besonders zum Tragen. Manchmal müssen auch ganz einfach Abstriche gemacht werden. Wenn eine sehr starke Strömung über ein Thila wie dieses hinwegfegt, lohnt sich das Tauchen wirklich nicht! Der einzige Schutz bietet dann nur die Leeseite des Sockels und das auch nur bedingt. Das Resultat eines solchen Tauchganges – verzweifelt mit der Strömung kämpfende Taucher – reflektiert sich in unzähligen abgebrochenen Korallenstöcken!

FOTOGRAFIE

Am Maaya Thila findet der Fotograf alle nur erdenklichen Motive, von Makrofotografie bis zu Superweitwinkelaufnahmen. Wenn der Platz mehrmals besucht wird, soll sich der Fotograf auf der Grundlage der in diesem Buch enthaltenen Informationen einen Regieplan aufstellen und seine Ausrüstung den Motiven entsprechend vorbereiten. Lohnende Motive sind die Krötenfische im Nahbereich, die Zebra-Muräne auf der Riffplatte und natürlich die roten Soldatenfische, die gegen das blaue Wasser einen wunderschönen Kontrast bilden.

F

G

H

A - Eine Zebramuräne (Gymnomuraena zebra) schaut neugierig aus ihrer Höhle heraus. Diese Tiere ernähren sich vorwiegend von Krebsen und erreichen eine Länge von 1,5 m.

B - Eine Riesenmuräne (Gymnothorax javanicus) vertraut sich der Pflege von vier Putzergarnelen an, die sorgfältig die zahlreichen Parasiten entfernen.

C - Ein riesiger Gorgonienfächer (Gorgonia ventalina) zeigt im Gegenlicht sein zartes Filigranwerk.

D - Am Maaya Thila kann man unter Wasser auf herrliche Weichkorallen stoßen.

E - Die Schwärme der Schnapper (Lutjanus kasmira) bilden eine sich ständig bewegende, gelbe Masse.

F - Eine unglaubliche Vielfalt von Lebensformen kennzeichnet die Korallenriffe der Malediven, von den Federsternen, den rastlosen, kleinen Anthias (Pseudanthias squamipinnis), den Soldatenfischen (Sargocentron spiniferum) bis zu den Orient-Süßlippen (Plectorhynchus orientalis).

G - Dieser Schwarm kleiner Barrakudas (Sphyraena sp.) steht häufig beim Maaya Thila.

H - Das lebhafte, rote Farbkleid der Weißspitzen-Soldatenfische (Myripristis vittata) bildet einen angenehmen Kontrast zu dem tiefen Blau des endlosen Ozeans.

I - In den Gewässern von Maaya Thila leben einige Riffhaie (Carcharhinus amblyrhynchos).

I

MUSHIMASMINGILI THILA - SHARK THILA

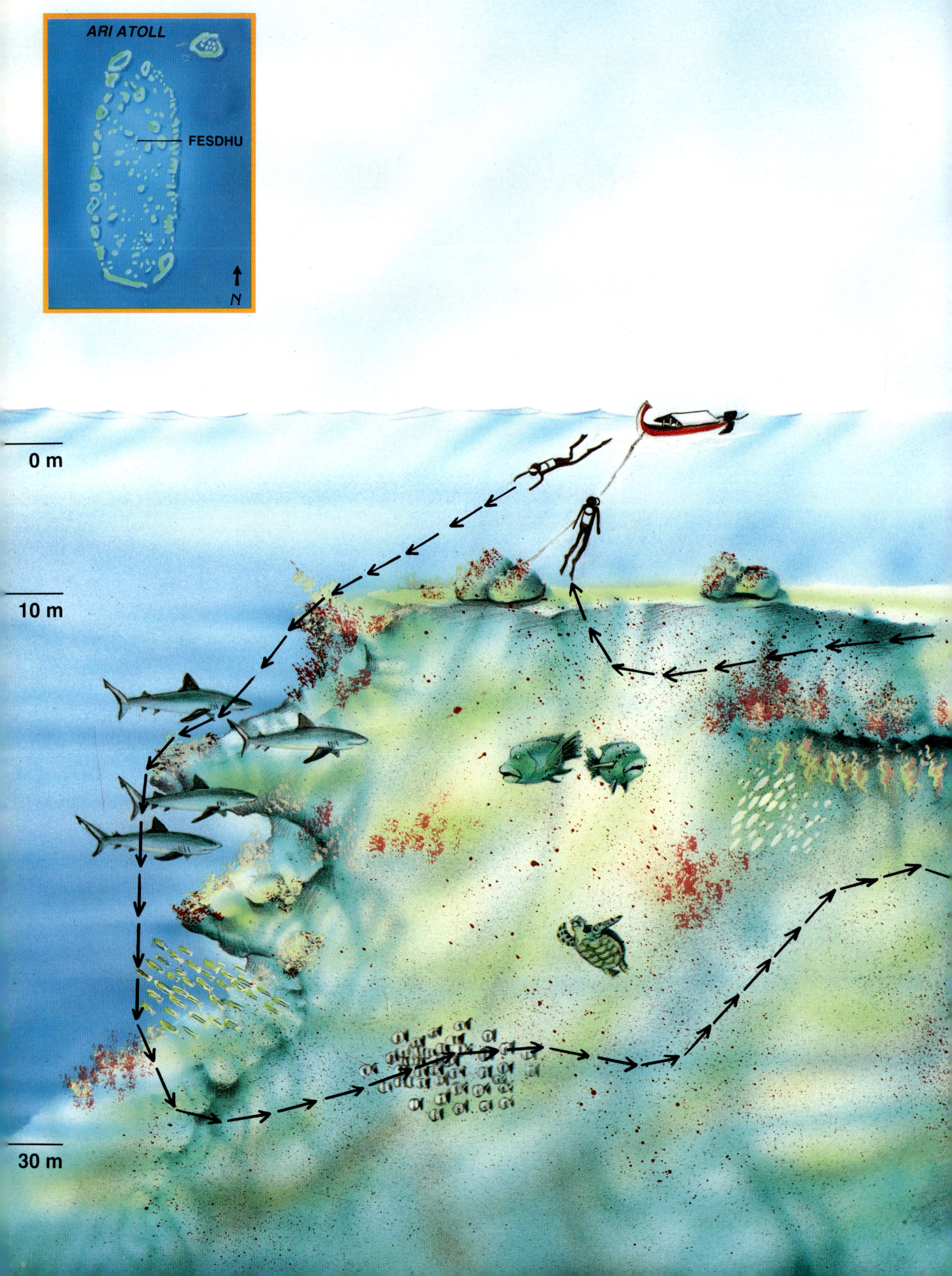

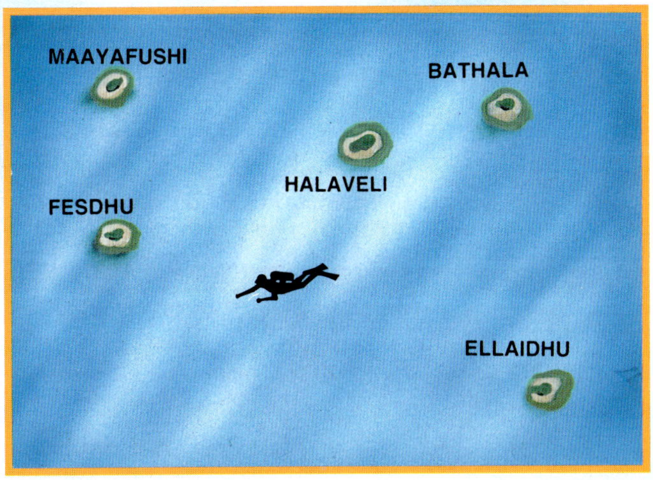
MAAYAFUSHI
BATHALA
HALAVELI
FESDHU
ELLAIDHU

LAGE

Shark Thila liegt weit ab von anderen Riffen, im nördlichen Teil des Ari Atolls, am Innenriff. Die benachbarten Inseln sind Halaveli, Maayafushi und Ellaidhu. Das Thila mit einem Durchmesser von ca. 70 m ragt bis ca. zehn Meter unter die Wasseroberfläche auf.

TAUCHEN

Der Tauchgang am Shark Thila konzentriert sich nur um das Thila. Tauchboote werden auf der Riffplatte festgebunden. Erfahrene Taucher können sich auch im freien Wasser absetzen lassen und mit der Strömung den Platz antauchen. Eine Technik, die bei derartig freistehenden Thilas nur zu empfehlen ist, die notwendige Erfahrung dazu vorausgesetzt, denn die Strömung am Shark Thila kann sehr stark sein. Der Taucher findet aber auch dann im Lee des Sockels immer ruhiges Wasser. Einen Eindruck der bizarren Landschaft und des gewaltigen Fischreichtums bekommt der Taucher natürlich erst beim Umrunden des Thilas. Für dieses Vorhaben muß der richtige Zeitpunkt abgewartet werden, damit die Strömung nicht zu stark ist.

LEBEWESEN

Der Fischreichtum dieses Thila ist so umfangreich wie fast nirgendwo. Vor allem die vielen Haie *(Carcharhinus amblyrhynchos)* – 16 Tiere stehen ständig am Riff – haben Shark Thila berühmt gemacht. Nicht we-

A

B

C

D

A - Ein kleiner Anthias (Pseudanthias squamipinnis) schwimmt mit offenem Maul, um im Wasser befindliche Zooplanktonteilchen aufzufangen.

B - Im oberen Bereich des Riffs lebt eine Vielfalt von Fischen, darunter die Riesenmuränen (Gymnothorax javanicus), die manchmal paarweise ihre Höhlen verlassen.

C - Ein zarter Gorgonienast scheint ins Unendliche hinauszuragen.

D - Die starken Strömungen bei Mushimasmingili ziehen zahlreiche Pelagialfische an, darunter auch große Barrakudas (Sphyraena sp.).

niger eindrucksvoll sind aber auch die riesigen Schwärme von Schnappern *(Lutjanus kasmira)*, die wie lebende Lawinen über den Riffabbrüchen schwimmen. Im offenen Wasser stehen Adlerrochen *(Aetobatus narinari)* in der Strömung, aber auch alle anderen Arten von pelagischen Fischen ziehen Kreise um das Thila. Auf der Riffplatte selbst lebt die ganze Palette der tropischen Rifffische. Imposant sind natürlich die großen Muränen *(Gymnothorax javanicus)*, die manchmal sogar paarweise aus ihren Höhlen heraussehen. Mehrere zahme Napoleons *(Cheilinus undulatus)* begleiten die Taucher.

E - Ein Korallenbarsch (Cephalopholis miniata) nähert sich furchtlos dem Taucher. Dieser elegante Fisch lebt am Riff in einer Höhle oder einer Vertiefung der Barriere.

F - Ein Skorpionsfisch (Pterois antennata) ruht zwischen einem Federstern und einer Seegurke.

G - Einige Soldatenfische (Sargocentron spiniferum), die von dem Taucher aufgescheucht wurden, haben Zuflucht in einer Vertiefung des Riffs gesucht.

F

G

E

SICHERHEIT

Besonders an diesem Platz kommen an bestimmten Stunden die Regeln und Praktiken des Strömungstauchens voll zum Tragen. Muß der Sicherheitshalt an der Bezugsleine zum Boot gemacht werden, hat sich der Taucher darauf zu konzentrieren, seine Austauchstelle auf der doch 70 m großen Riffplatte wiederzufinden. Es ist deshalb wichtig, dem Briefing des Divemasters gut zuzuhören. Wird man von der Strömung von der Riffplatte gezogen, muß der Sicherheitshalt im freien und bodenlosen Wasser gemacht werden. Bei starker Strömung kann ein Team in drei Minuten mehrere

H - Das Thila von Mushimasmingili ist auch unter dem Namen Shark Thila bekannt, denn in der Nähe des Riffs befinden sich ständig Graue Riffhaie (Carcharhinus amblyrhynchos).

I - Eine einsame Karettschildkröte (Eretmochelys imbricata) scheint im Wasser zu schweben, nicht weit vom Korallenriff entfernt.

H

I

A

B

C

A - Auch die Adlerrochen (Aetobatus narinari) schweben mit der Strömung ins offene Meer hinaus. Auf dem Bild kann man ein herrliches Exemplar sehen, einen Stammgast des Thila.

B - Mehrere Graue Riffhaie (Carcharhinus amblyrhynchos) drehen unruhig ihre Runden in der Nähe des Riffs.

C - Ein Schwarm von Füsilierfischen (Caesio sp.), die so dicht aneinander schwimmen, daß kein Sonnenstrahl hindurchdringt.

D - Ein Fleckenrochen (Taeniura melanospilos) stellt sich dem Objektiv des Fotografen in einer ungewöhnlichen Perspektive.

E - Dank seines langgezogenen Maules fängt dieser Falterfisch (Forcipiger longirostris) kleine Invertebraten selbst in den engsten Spalten des Riffs.

hundert Meter abgetrieben werden. Wie bei allen Tauchgängen auf frei im Meer stehenden Riffen ist ein Parachut, die aufblasbare Markierungsboje mit Leine, ein Muß.

UMWELTSCHUTZ

Hätten die Besucher der ersten Jahre genau so umweltschonend getaucht, wie es heute der Fall ist, würde die Riffplatte des Shark Thilas sicher anders aussehen. An diesem strömungsreichen Platz muß ganz besonders von den Korallen Abstand gehalten werden. Wenn sich der Taucher unbedingt festhalten muß, sollen tote oder abgestorbene Blöcke dazu ausgesucht werden.

D

E

F - Die roten Soldatenfische (Myripristis vittata) sind häufig im oberen Abschnitt des Riffs von Mushimasmingili zu sehen.

G - Die Großaufnahme dieses Papageifisches (Scaridae) zeigt die besondere Form der Zähne, die einen von vier Platten gebildeten Schnabel ergeben.

H - Das geöffnete Maul dieses Riffbarsches (Cephalopholis miniata) wirkt furchterregend, aber er wartet lediglich darauf, daß die Putzergarnele ihre Arbeit beendet.

I - Ein Jack (Caranx ignobilis) kann beachtliche Abmessungen erreichen: bis zu 170 cm bei einem Gewicht von 50 kg.

F

G

H

I

FOTOGRAFIE

Am Shark Thila können bei richtiger Strömung und klarem Wasser hervorragende Fotos von Haien gemacht werden. Früher wurden Haie hier oft gefüttert. Sehr wahrscheinlich in Erinnerung an diese Zeiten kommen die Tiere sehr nahe heran. Um einen ca. zwei Meter großen Grauhai bildfüllend ins Format zu bekommen, sind Brennweiten von 24 mm und 20 mm bestens geeignet. Für Aufnahmen der bizarren Landschaft und Überhänge bringt ein Fisheye, ein 14-mm- oder 15-mm-Objektiv, die besten Ergebnisse. Auf der Riffplatte kann der Fotograf, vorausgesetzt es herrscht keine starke Strömung, mit einem 35-mm-, 50-mm- oder 105-mm-Makroobjektiv, erstklassige Fischporträts machen.

HALAVELI - DAS STINGRAY WRACK

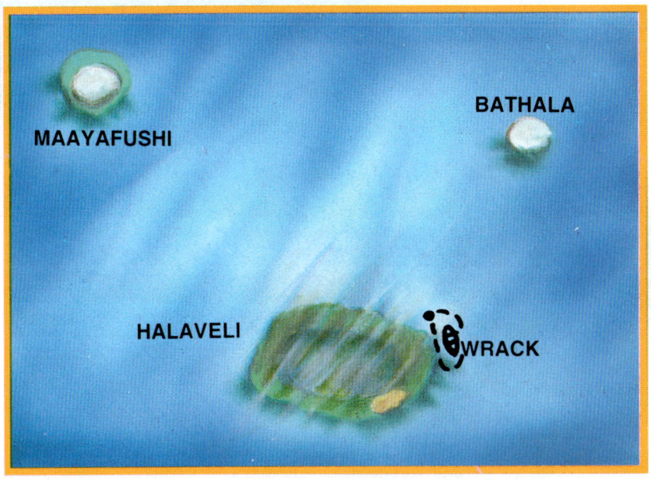
MAAYAFUSHI
BATHALA
HALAVELI
WRACK

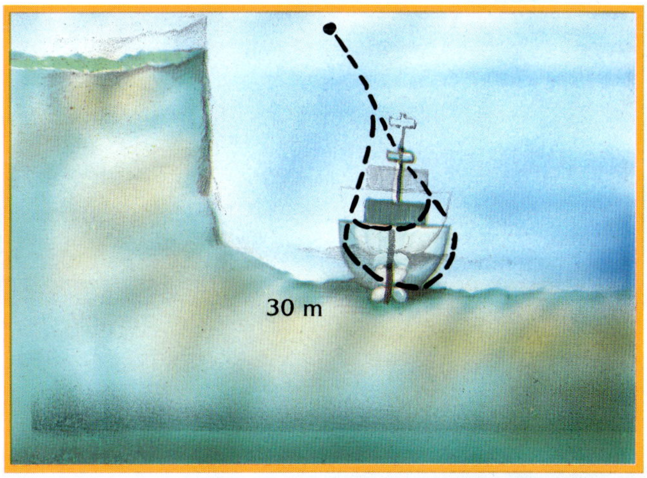
30 m

A

A - *Ein Fleckenrochen (Taeniura melanospilos), der interessanteste Fisch bei diesem Tauchgang, und einige Schiffshalter (Echenei naucrates) zeigen keine Furcht vor dem Taucher.*

B

C

B - *Eine goldene Wolke Glasfische (Pempheris vanicolensis) verbreitet warme Lichtstrahlen in dem Schiff.*

C - *Obwohl es erst 1991 versenkt wurde, ist das Schiff bereits von bunten Weichkorallen und anderen merkwürdigen Korallenformationen überzogen.*

D

D - *Diese Luftaufnahme zeigt die Insel Halaveli, die sich am Rande des großen Korallenatolls befindet.*

LAGE

Das Stingray Wrack liegt im nördlichen Teil des Ari Atolls, am Außenriff, genauer gesagt, an der nordnordöstlichen Seite des Riffs, das die Insel Halaveli umgibt. Das ehemalige Küstenmotorschiff steht ca. 30 m von der eigentlichen Riffkante entfernt in 30 m Tiefe aufrecht auf dem Sandgrund.

GESCHICHTE

Das 30 m lange Schiff wurde im Jahre 1991 als Attraktion für Taucher versenkt.

TAUCHEN

Die Tauchboote werden direkt am Bug des Wracks festgemacht. Dank der Bezugsleine kann kontrolliert ab- und aufgetaucht werden. Der Platz ist für alle Erfahrungsstufen ideal, da das Deck auf 20 m und die Aufbauten sogar nur auf 17 m Tiefe liegen. Auch sind Strömung und andere Umweltbedingungen vorwiegend als normal zu bezeichnen.

LEBEWESEN

Dieser Tauchplatz bietet gleich zwei besondere Attraktionen. Hier trifft der Besucher eine ganze Gruppe von großen Schwarzpunkt-Stachelrochen *(Taeniura melanospilos);* sie ziehen ihre Kreise um das Wrack und zeigen überhaupt keine Scheu vor den Tauchern. Die Tiere haben respektable Größen, doch braucht sich niemand vor dem langen, stachelbewehrten Schwanz zu fürchten. Es gibt weltweit viele Tauchplätze, an denen Rochen wie hier hautnah erlebt werden können, und nie wurde jemand von einem Stachel verletzt. Trotzdem soll immer darauf geachtet werden, unter oder auf gleicher Höhe mit den Tieren zu schwimmen. Am Heck schwimmen auf halber Höhe zahlreiche Fledermausfische *(Platax teira),* die keineswegs durch die Taucher eingeschüchtert sind und gern für Gegenlichtaufnahmen Modell stehen. Ein Schwarm von Schildfischen *(Echeneis naucrates)* schwimmt um das Wrack herum, und häufig wollen sie einfach nicht mehr von den Sauerstoffflaschen weichen. Zwei große Muränen *(Gymnothorax javanicus)* schauen aus einem Loch auf dem Schiffsdeck heraus. In der Nähe der Kabine schwärmen Wolken von Glasfischchen *(Pempheris vanicolensis)*, die beim Hinein- und Herausschwimmen einen herrlichen Bewegungseffekt erzeugen. Daß an diesem Wrack oft große Weißspitzenhaie *(Carcharhinus albimarginatus)* zu sehen sind, ist einem glücklichen Zufall zuzuschreiben. Diese Tiere sind Jäger des tieferen Wassers und in der Regel sehr selten im Innern eines Atolls anzutreffen. Eine Begegnung mit diesen kraftstrotzenden Meeresbewohnern macht den Tauchgang am Stingray Wrack unvergeßlich.

SICHERHEIT

Lage und Tiefe machen das Stingray Wrack zu einem problemlosen Tauchplatz. Die schlechte Angewohnheit einiger Taucher, Fische auf dem Tauchgang mitzunehmen, um die Feuerflundern zu füttern, hat dazu geführt, daß diese harmlosen Riesen (der größte unter ihnen, den man an dem abgetrennten Schwanz erkennt, hat einen Durchmesser von etwa 2,5 m) jegliches Mißtrauen gegenüber dem Menschen verloren haben, so daß sie das Geräusch der Luftblasen mit Nahrung assoziieren und vom Boden aufsteigen und den Tauchern entgegenschwimmen. Dieses Verhalten kann bei manchen in Tropengewässern unerfahrenen Tauchern eine gewisse Panik auslösen. Es wird auf jeden Fall geraten, niemals Hände und Arme dem Maul der Feuerflundern zu nähern und keine Nahrung mit ins Wasser zu nehmen. Will man, entsprechende taucherischen Fähigkeiten natürlich vorausgesetzt, das Innere des Schiffes erforschen, tut man das am besten mit dem Divemaster. Eine gute Lampe ist Vorschrift.

UMWELTSCHUTZ

Auch wenn ein Schiff im Prinzip tote Materie ist, hat das Leben darauf Fuß gefaßt. Versunkene Schiffe verwandeln sich sehr schnell in ein künstliches Riff und sind auch als solche zu behandeln. Auch wenn sich die Rochen geradezu aufdrängen: Vermeiden Sie es, die Tiere zu streicheln! Bei Wracktauchgängen ist ja das Tragen von Handschuhen erlaubt! Die auf der Handfläche sitzenden Nylonnoppen zerkratzen unweigerlich die Haut der Tiere, wo sich danach Parasiten ansetzen können.

E

E - Einige Seeaale (Heteroconger hassi) beobachten den Fotografen. Diese Fische leben in großen Kolonien in Sandgebieten und verschwinden beim Erscheinen der Taucher.

F

FOTOGRAFIE

Das Schiff hat genau die richtige Größe, um mit Superweitwinkelobjektiven große Teile des Wracks, wenn nicht fast alles, auf das Format zu bringen. Für derartige totale Ansichten ist klares Wasser natürlich die beste Voraussetzung. Belichtung: Umgebungslicht und nur schwach aufblitzen!

F - Ein Taucher erforscht das Wrack, dessen Aufbauten bereits stark von Korallenkonkretionen überzogen sind.

G

G - Ein kleiner Korallenbarsch (Cephalopholis miniata) verfolgt den Taucher mit neugierigem und gleichzeitig schüchternem Blick.

KUDA THILA - BROKEN ROCK

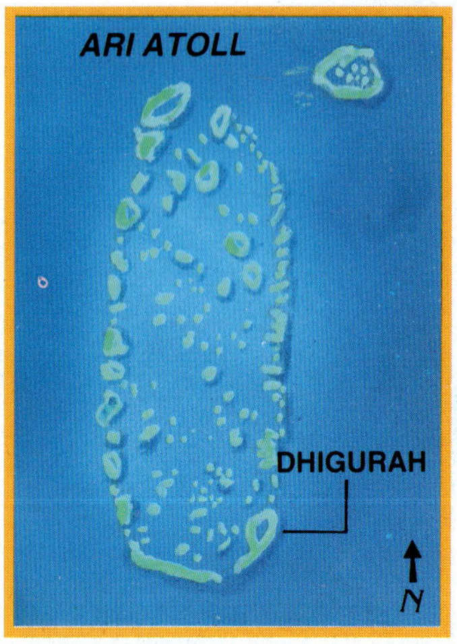

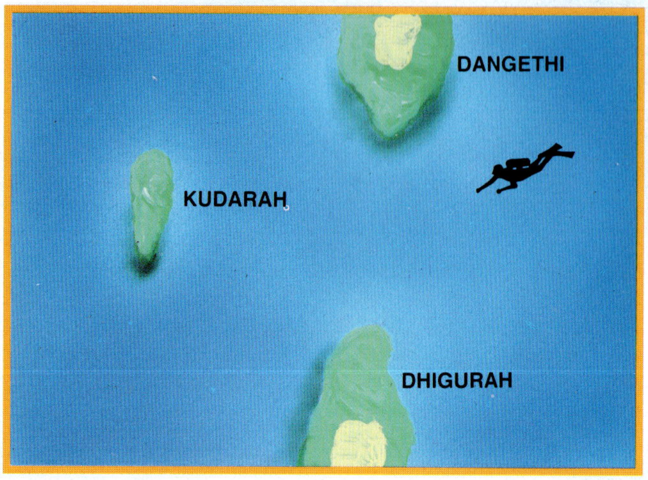

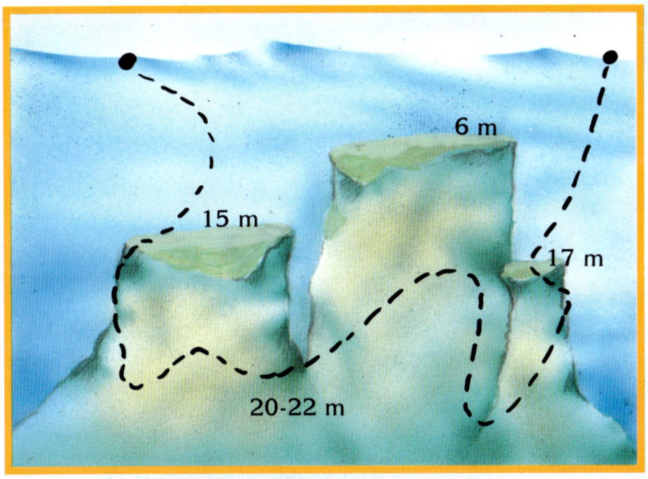
6 m
15 m
17 m
20-22 m

LAGE

Broken Rock liegt im südlichen Teil des Ari Atolls, an der Ostseite. Die benachbarten Inseln sind Dangethi im Norden und Dhigurah im Süden. Das wie von einer Riesenaxt gespaltene Thila hat einen Durchmesser von ca. 70 m und ragt bis 13 m unter die Oberfläche. Das Besondere an diesem Korallensockel ist der riesige Canyon, der sich quer durch die Mitte von Südosten nach Nordwesten zieht. Er hat eine Tiefe von 22 m und dem Riff den Namen Broken Rock gegeben. An der Ostseite findet der Taucher einen wunderschön bewachsenen Überhang und ein weiteres kleines Plateau auf 17 m Tiefe.

A

B

C

D

A - Bewegungslos läßt sich ein Rotmund-Barsch (Aethaloperca rogaa) durch eine Putzergarnele von den störenden Parasiten befreien.

B - Dieser Skorpionsfisch (Scorpaenopsis sp.) ist ein weiteres Beispiel für die Tarnkunst dieses Meeresbewohners.

C - Ein Clownfisch (Amphiprion clarkii) schaut schüchtern zwischen den Armen einer Anemone hervor.

D - Mit perfekt synchronisierten Bewegungen, in Formation schwimmend, sind die Blaustreifen-Schnapper (Lutjanus kasmira) Dauergäste an der Riffwand.

TAUCHEN

Abgesehen davon, daß die Riffplatte relativ tief liegt, ist dieser Platz einfach zu betauchen. Ausschlaggebend für die Technik, mit der der Platz betaucht wird, ist die zur Zeit herrschende Strömung, aber auch die Erfahrung der Teilnehmer. Bei wenig Strömung kann direkt über dem Riff abgetaucht werden. Die eleganteste und auch bequemste Technik bei starker Strömung ist das Antauchen aus dem freien Wasser; die Taucher werden, den Umständen entsprechend, in genügendem Abstand vom Riff abgesetzt und lassen sich mit der Strömung herantreiben. Das Festbinden des Bootes auf dem Riff selbst ist auch möglich, wenn das Ab- und Auftauchen entlang einer Leine notwendig ist.

E

F

E - Wie ein wüstes Gewirr von Armen strecken sich diese seltsamen Schwammformationen der Meeresoberfläche entgegen.

F - Das eigenartige Farbenkleid der Orient-Süßlippen (Plectorhynchus orientalis) mit abwechselnd schwarzen und weißen Streifen mit schwarzen Tupfern auf gelbem Hintergrund hebt sich vor dem dunklen Riff ab.

G - Am Eingang der Passagen, die das Riff durchziehen, oder der Grotten wachsen riesige Gorgonienfächer (Gorgonia ventalina), die in den starken Strömungen einen idealen Lebensraum gefunden haben.

LEBEWESEN

Dieser Tauchplatz besticht durch die vielen Weichkorallen und eine reiche Fischwelt. Je nach Strömung findet der Taucher immer wieder andere Fische. Eigentliche Stammgäste, wie das bei anderen Plätzen der Fall ist, sind nicht zahlreich. Der Taucher hat aber immer die Möglichkeit, Grauhaie *(Carcharhinus amblyrhynchos)* und einen Schwarm Barrakudas *(Shpyraena sp.)* anzutreffen. Eine Gruppe von Fledermausfischen *(Platax teila)* und blaue Füsilierfische *(Caesio lunaris)* sind häufige Gäste am Broken Rock, ebenso Meeresschildkröten *(Eretmochelys imbricata)*. Die Überhänge auf der Nordostseite sind mit sehr vielem Kleingetier belebt. Einen Eindruck der gesamten Tier- und Korallenwelt bekommt der Taucher natürlich beim Umrunden des Thilas, was bei wenig Strömung ohne weiteres möglich ist.

SICHERHEIT

Das Plateau von Broken Rock liegt auf 13 m Tiefe. Das bedeutet, daß bei Driftdives der Sicherheitshalt im freien Wasser am Parachut gemacht werden muß. Wird das Boot auf der Riffplatte festgebunden, soll der Tauchgang so geplant werden, daß er wieder am Boot endet. Die Strömungsrichtung und der Luftverbrauch sind demzufolge besonders zu beachten.

UMWELTSCHUTZ

Wie immer, wenn bei Strömung über einem Riff getaucht wird, ist auf mehr Abstand gegenüber den Korallen zu achten als bei ruhigem Wasser. Die Gefahr, von der Strömung an einen Korallenstock oder an eine Geweihkoralle herangetrieben zu werden, ist größer als bei ruhigem Wasser. Teile des Canyons und des Korallensockels auf der Nordostseite locken zum Durchtauchen. Wirkliche Engpässe sind aber zu vermeiden, da die Gefahr besteht, mit den Flossen oder Teilen der Ausrüstung den Bewuchs zu beschädigen.

FOTOGRAFIE

Broken Rock bietet im Nahbereich und im Weitwinkelbereich viele Möglichkeiten. Besonders schöne Landschaftsaufnahmen mit Tauchern können an den Überhängen auf der Nordostseite gemacht werden. Besonders bei Tauchgängen am Vormittag sind die Lichtverhältnisse hervorragend.

G

MULAKU ATOLL - *MULAKU KANDU*

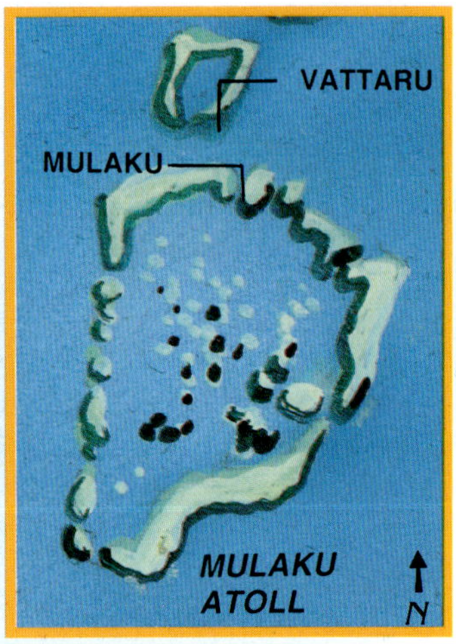

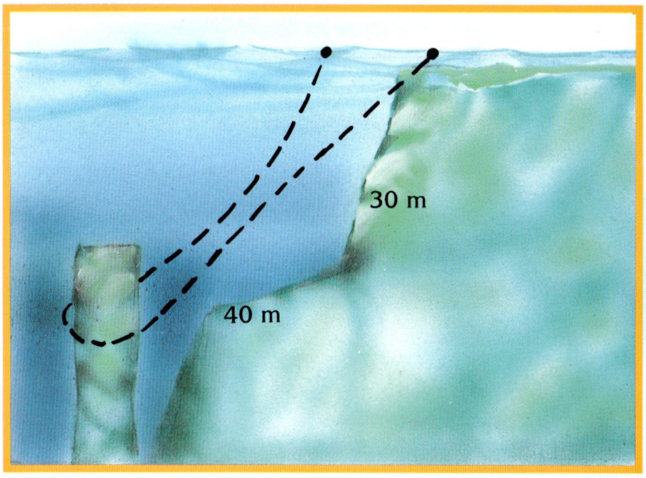
30 m
40 m

A - Ein Napoleonfisch (Cheilinus undulatus) bietet sich dem Objektiv des Fotografen und zeigt seinen mächtigen Körper.

B - Ein Exemplar der Gattung Nudibranchia bildet mit seinen grellen Farben einen ungewöhnlichen Kontrast auf dieser rosafarbenen Weichkoralle.

C, D - Das Riff von Mulaku Kandu weist unzählige Spalten, Vertiefungen und Passagen auf, die vollständig von bunten Weichkorallen überzogen sind.

A

B

C

D

LAGE

Mulaku Kandu befindet sich im nordwestlichen Teil des Atolls von Mulaku; die Tauchstelle liegt direkt an der westlichen Ecke des Durchgangs. An dieser Stelle löst sich ein großer Korallenblock von der Wand und bildet einen Turm mit einem Durchmesser von etwa zehn Metern, der bis 20 m unter die Wasseroberfläche reicht. Der Boden zwischen dem Korallenturm und der Wand befindet sich in einer Tiefe von 35 m; die Außenwand fällt senkrecht ab. Die Stufe des Durchgangs mit kleinen Korallenpilzen liegt in 35 m Tiefe.

TAUCHEN

Im Mulaku Atoll kann man nur von einem hochseetüchtigen Kreuzer aus tauchen, da es sehr weit von Feriendörfern entfernt liegt. Die lange Anreise lohnt sich auf jeden Fall angesichts der außerordentlichen Schönheit des Meeresbodens und der interessanten Beobachtungen, die man hier machen kann. Der Tauchgang mit einer leichten, eintretenden Strömung ist zu bevorzugen, da man so nicht zu schnell in das Atoll gerissen wird. Man kann direkt über dem Korallenturm ins Wasser gehen, darum herum schwimmen und die zahlreichen Spalten und Löcher erkunden, um die Fische des Riffs und die weichen Korallen zu beobachten. Dann kann man auf 35 m zu der Stelle hinuntertauchen, wo das Plateau in den Durchgang hineinführt; hier kann man in die blaue Tiefe schauen und quer längs der linken Wand des Durchgangs wieder auftauchen. Der Tauchgang endet am oberen Rand des Riffs.

LEBEWESEN

Im Bereich um den Korallenturm und darauf findet man eine fast unglaubliche Ansammlung von Korallentieren aller Farben, die herrliche Farbflecken von rot bis orange und lila bilden. Über dem Korallenblock und in der Nähe der Kanalmündung steht ein Schwarm von Makrelen *(Caranx sp.)*, unter die sich häufig Barrakudas *(Sphyraena sp.)* mischen. Grauhaie *(Carcharhinus amblyrhynchos)* sind Einwohner des Riffs und halten gemächlich vor der Kanalmündung in Höhe der vor dem Abgrund liegenden Terrasse Wache. Am frühen Morgen kann man häufig Gruppen von vorbeiwandernden Hammerhaien *(Sphyrna lewini)* sehen. Bei kräftiger Strömung ziehen öfters auch Adlerrochen *(Aetobatus narinari)* vorbei. An der Wand, längs der man aufsteigt, kommt man an Schildkröten *(Eretmochelys imbricata)* und verschiedenen Fischen des Riffs vorbei, die keinesfalls schüchtern sind und denen man sich deshalb gut nähern kann. Man stößt unweigerlich auch auf einige große Napoleonfische *(Cheilinus undulatus)*.

E

F

G

H

FOTOGRAFIE

Die Farbenpracht der Weichkorallen und die klaren Gewässer von Mulaku Kandu machen dieses Gebiet zu einem Paradies für Aufnahmen dieser Unterwasserlandschaft, wo man Objektive von 15 bis 20 mm einsetzt. Dieselben Objektive verwendet man für die Aufnahmen der Makrelen-Schwärme oder für Nahaufnahmen der Fauna des Riffs. Gute Aufnahmen von Haien und Adlerrochen kann man auch mit Standardobjektiven schießen.

E - Das Blitzlicht des Fotografen hebt die lebhaften Farben der Weichkorallen hervor, die sich auf einem Riffvorsprung gebildet haben.

F - Ein Treffen mit Delphinen ist seit jeher ein einzigartiges, unvergeßliches Erlebnis. Auf dem Bild kann man ein herrliches Exemplar der Art Flaschennase (Tursiops truncatus) sehen.

G - Am Riff findet man außer den allgegenwärtigen Weichkorallen häufig auch Federsterne, die sich wie zarte Fächer in der Strömung wiegen.

H - Eine Putzergarnele befreit einen stacheligen Soldatenfisch (Sargocentron spiniferum) von Parasiten. Obwohl die Garnele häufig auf der Speisekarte dieses Fisches steht, läßt er sie in diesem Fall ruhig ihrer wichtigen Reinigungsarbeit nachgehen.

VATTARU - *VATTARU*

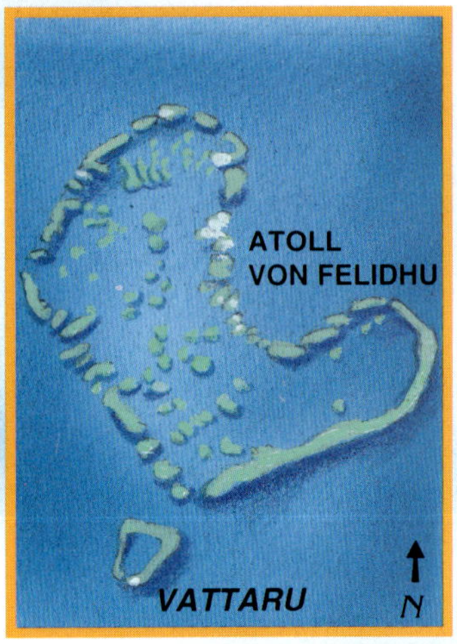

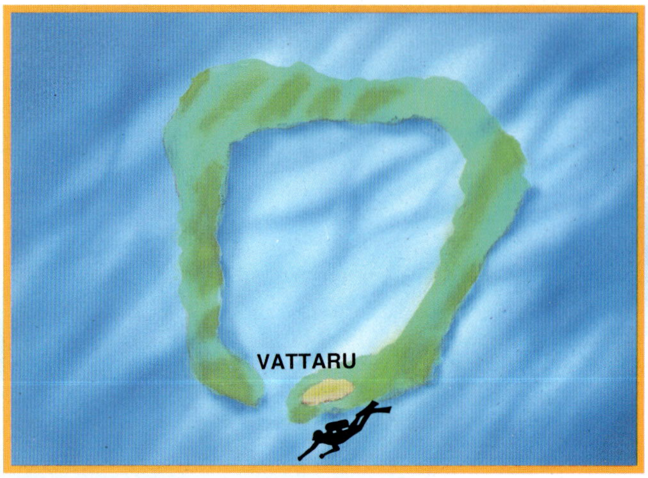

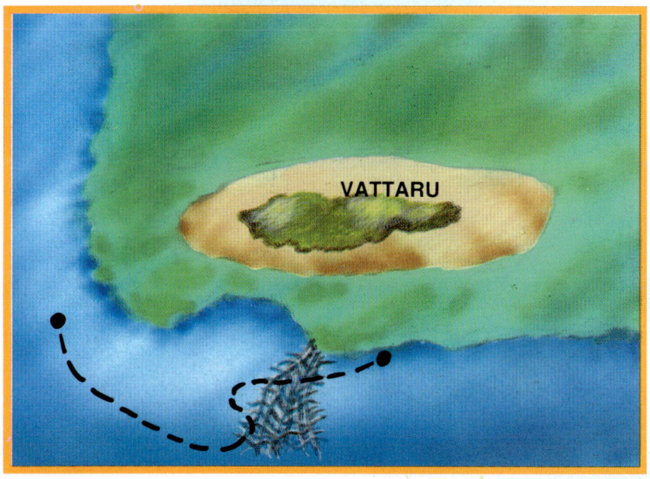
VATTARU

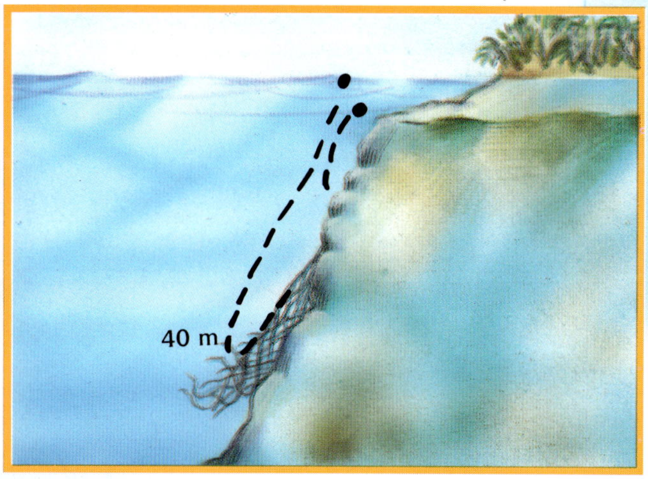
40 m

A - Ein Taucher bereitet sich auf die Erforschung einer Höhle vor, die ganz mit bunten Weichkorallen bewachsen ist.

B - Schöne Fotografien kann man machen, wenn man einer Schildkröte (Eretmochelys imbricata) beim Tauchen folgt.

C - Ein Schwarm von Glasfischen (Parapriacanthus guentheri) leuchtet wie ein silberner Wasserfall im Licht der Taucherlampe.

LAGE

Das Tauchgebiet befindet sich an der Südwand von Vattaru, einem kleinen Atoll, das von einem großen Korallenring mit einem Kanaldurchbruch gebildet wird. Hier erhebt sich aus dem Meer die einzige Insel Vattaru, nach der das Atoll benannt wurde. Die Tauchstelle liegt an einer deutlich sichtbaren, nördlich gerichteten Einbuchtung des Riffs, das nur wenige Meter unter der Oberfläche beginnt und tief in den Abgrund hinunterführt.

A

B

C

D

TAUCHEN

Hier handelt es sich ebenfalls um ein Driftdive, obwohl die Strömung an dieser Stelle nie sehr stark ist; es bieten sich somit Tauchgelegenheiten für alle. Man beginnt bei ins Atoll einziehender Strömung an der Stelle der nördlichen Einbuchtung des Riffs, wo sich ein von der Strömung geschützter Bereich befindet und

D - Eine kleine Schule von Fledermausfischen (Platax teira) schwimmt in den Gewässern beim Vattaru.

E - Längs der Riffwand trifft man in etwa 35 m Tiefe auf die Reste eines Fischernetzes, ein von den Fotografen bevorzugtes Motiv.

man ruhig abtauchen kann. Die erste Etappe beendet man nach 35 m, um die Reste eines Fischernetzes zu betrachten, das sich zwischen den Korallen verfangen hat und sehr beeindruckend ist. Dann steigt man auf 20 m hoch, um die zahlreichen kleinen Grotten in dieser Tiefe zu besichtigen. Mit dem Riff zur Rechten taucht man zum Eingang des Riffs auf, das eine Stufe auf 18 m Tiefe aufweist. Diese Passage ist etwas eigenartig, denn sie hat keine außen steil abfallende Wand, sondern geht in eine blendendweiße Sandebene über, die an eine Skipiste erinnert. Hier läßt man sich in das Atoll hineintragen; man weicht einigen Korallenpilzen aus und erblickt Schwärme von Glasfischen *(Parapriacanthus guentheri)* und all die anderen Fische des Riffs.

LEBEWESEN

Vattaru wird von den Einwohnern der Malediven als eines der fischreichsten Gebiete beschrieben; im Laufe dieses Tauchgangs wird das von den zahlreichen Thunfischen *(Thunnus sp.)*, Barrakudas *(Sphyraena sp.)* und Wahoopaaren *(Acanthocybium solandri)* bestätigt, die man eigentlich selten unter Wasser und häufig als Beute bei Hochseeangeltouren zu sehen bekommt. Diesen Tauchgang sollte man mit dem Kopf zur blauen Tiefe hin machen. Am Eingang einer kleinen Grotte in der Nähe des Eingangskanals befindet sich eine seltene Anemonenart mit weißen Fangarmen. An der Ecke des Kanals schwimmt gemächlich ein Schwarm von Fledermausfischen *(Platax teira)*, die vermutlich aufgrund des weißen Sandhintergrunds, wo sie leben, eine sehr helle Pigmentierung haben und man die charakteristischen senkrechten, braunen Streifen kaum noch erkennt. Auf dem Sand liegen Weißspitzenhaie *(Carcharhinus albimarginatus)* mit zur Strömung hin gerichtetem Maul. Wenn keine Strömung ist, kann man einige hier lebende Mantas *(Manta birostris)* beobachten.

FOTOGRAFIE

Das von Korallenkonkretionen überzogene Fischernetz ist sicher ein interessantes Objekt, von dem man mehr als eine Aufnahme machen kann. Mit Objektiven von 20 und 28 mm kann man die Thunfische *(Thunnus sp.)* und Barrakudas *(Sphyraena sp.)* vor dem blauen Hintergrund aufnehmen. Die Liebhaber der Großaufnahmen können hier mit etwas Glück eine ganze Familie von Clownfischen *(Amphiprion clarkii)*, die zwischen den weißen Fangarmen lebt, auf ein Bild bannen. In dem Kanal gelingen mit großen Weitwinkelobjektiven sicher einige ungewöhnliche Bilder der Seelandschaft.

E

F

F - Ein Clownfisch (Amphiprion clarkii) entfernt sich von der Seeanemone, die er zu seinem Heim erwählt hat, um den Fotografen besser ins Auge zu fassen.

G

G - Eine wahre Kaskade weißer Weichkorallen überzieht die dunkle, senkrechte Riffwand.

FELIDHU ATOLL - *RAKEEDHOO*

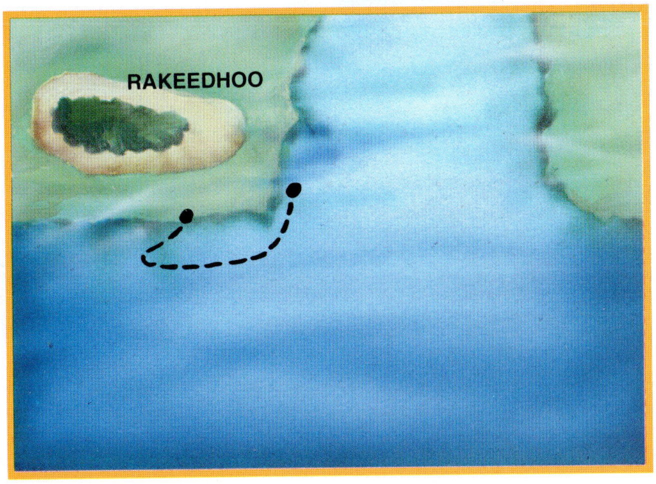
RAKEEDHOO

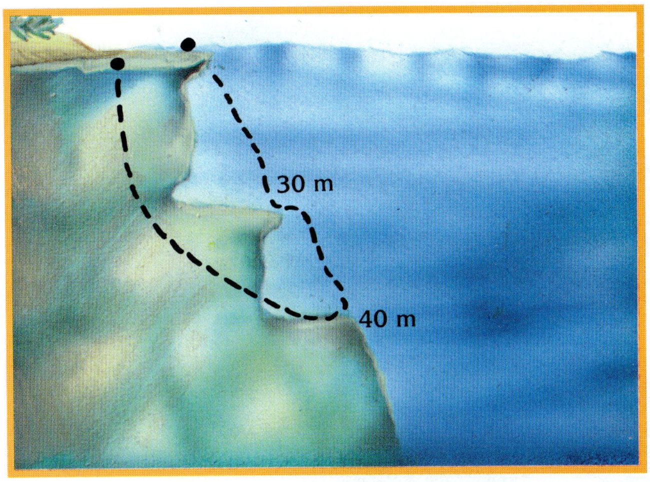
30 m
40 m

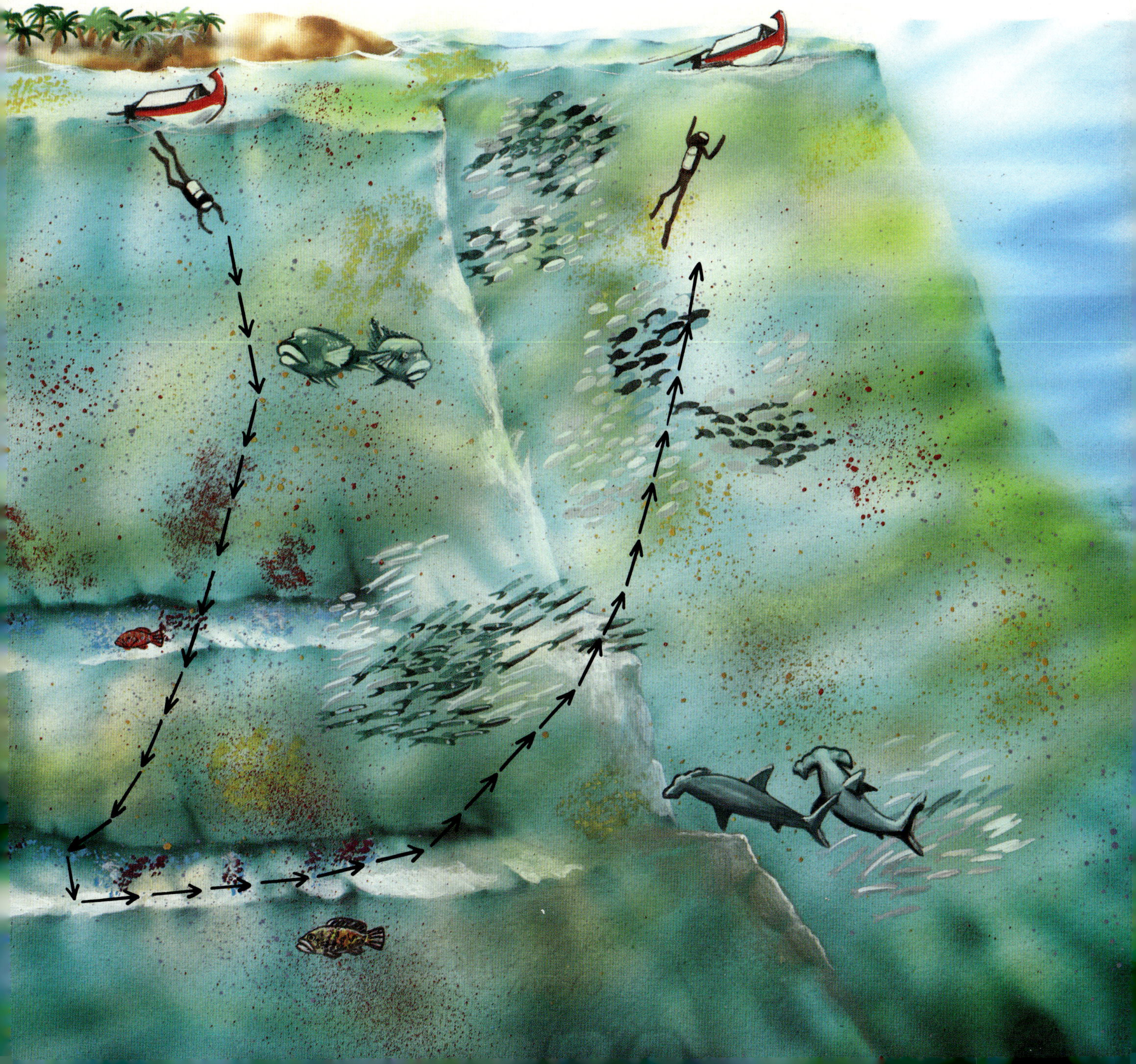

A

B

A - Der Umriß eines Tauchers hebt sich gegen die blaue Oberfläche des Meeres ab, im Vordergrund der Ast einer Weichkoralle.

B - Auf diesem Bild kann man den rhythmisch pulsierenden Herzschlag des Meeres spüren: Hunderte von Anthias (Pseudanthias squamapinnis) schwimmen hektisch um buntfarbene Weichkorallen und Schwämme herum.

C - Ein riesiger Gorgonienfächer (Gorgonia ventalina) streckt seine zarten Äste ins offene Meer hinaus.

D - Im Laufe der Wintermonate kann man einige Riesenmantas antreffen (Manta birostris), die einsam in der Nähe des Rakeedhoo Riffs schwimmen.

C

D

LAGE

Diese Tauchstelle liegt am äußersten südlichen Zipfel von Vattaru. Es handelt sich um die Außenwand und die Ecke des westlichen Teils des Durchgangs, unterhalb der Insel Rakeedhoo. Der obere Teil des Riffs steigt bis zwei Meter unter die Wasseroberfläche auf und fällt dann senkrecht über einige hundert Meter in die blaue Tiefe ab; etwa alle 20 m befinden sich große Stufen. Da es in der Nähe keine Fremdenverkehrsanlagen gibt, kann man nur mit einem Hochseekreuzer dorthin gelangen.

TAUCHEN

In Rakeedhoo taucht man längs der Außenwand ab, wobei man nicht weiter als 20 m von der Ecke der Passage entfernt ins Wasser geht. Diese Vorsichtsmaßnahme ist erforderlich, denn wenn die Strömung in das Atoll fließt, teilt sie sich genau hier in zwei Strömungsbahnen, von denen eine ins Atoll strömt und die andere sich längs der Außenwand von Ost nach West entlang zieht. Dort, wo sich die beiden Strömungen teilen, gibt es eine strömungsfreie Zone, die „split point" genannt wird und wo man sicher abtauchen kann. Ist der Tauchgang beendet, muß man sich entscheiden, ob man sich von der Strömung in den Durchgang oder längs des Außenriffs tragen läßt. In beiden Fällen bietet das Riff von zehn bis drei Meter mit seinen Korallen und Fischschwärmen einen herrlichen Anblick.

LEBEWESEN

Da der Tauchgang in einem Ozeankanal erfolgt, findet man hier viele pelagische Fischarten. In freiem Gewässer kann man viele Haiarten antreffen, von den gewöhnlichen Weißspitzenhaien *(Carcharhinus albimarginarius)* bis zu den Grauhaien *(Carcharhinus amblyrhynchos)*. In den ersten Tagesstunden wurden öfters Makos *(Isurus oxyrinchus)* mit beachtlichen Abmessungen beobachtet, und an der Stufe des pass kann man vor dem blauen Hintergrund die Umrisse der Hammerhaie *(Sphyrna lewini)* erkennen. An der Kanalecke steht ein riesiger Schwarm von Makrelen *(Caranx sp.)*, die mit dem Maul zur Strömung hin eine richtige Silbermauer bilden. Darunter kann man weitere Fische dieser Gattung mit einer Gruppe von etwa 20 Barrakudas *(Sphyraena sp.)* sehen, die bewegungslos darauf warten, daß die Strömung ihnen Beute zuführt. Die zum offenen Meer, also nach Süden hingewendete Wand, ist von senkrechten Spalten durchzogen, die wahre Grotten bilden, von deren Gewölben Trauben hellblauer Weichkorallen herabhängen; auf dem Boden dieser Grotten findet man große Gorgonienfächer und von schwarzen Korallen gebildete Bäume. Eine dieser Grotten in einer Tiefe von 45 m bietet einem Kaulbarsch Zuflucht, der eine Länge von zwei Meter erreicht und den man häufig von einem Hof kleiner, schwarzgelber Pilotfische umgeben durch das blaue Wasser schwimmen sieht: ein Treffen, das man so schnell nicht vergessen wird. Wenn man den Tauchgang längs der Außenwand des Atolls beenden möchte, stößt man dort auf eine große Ansammlung von Füsilierfischen *(Caesio lunaris)* und viele verschiedenartige Fische des Korallenriffs. Im Winter kann man auf einige große, gegen die Strömung anschwimmende Mantas *(Mantas birostris)* treffen.

FOTOGRAFIE

Wir haben hier den typischen Fall, für den man zwei Kameras gebrauchen könnte: eine mit einem 28-mm-Objektiv, um die Haie oder andere Pelagialfische vor dem blauen Hintergrund abzulichten, eine zweite mit einem 15-mm-Weitwinkelobjektiv, um bei gemischten Lichtverhältnissen im Innern der Grotten und um den stillstehenden Makrelen-Schwarm aufzunehmen.

E

F

E - Beim Sonnenuntergang strecken die Federsterne ihre weichen, flaumigen Arme auf der Suche nach Nahrung aus. Tagsüber dagegen kauern sie sich in den Spalten des Korallenriffs zusammen, um den auf Beutesuche vorbeistreifenden Fischen zu entgehen.

G

H

F - Ein Gefleckter Kugelfisch (Arothon nigropunctatus) schaut neugierig aus seiner Höhle heraus. Diese Fische leben immer in der Nähe des Riffs, wo sie Nahrung und Zuflucht finden.

G - Korallenformationen wie diese (Tubastera sp.) erinnern an Feuerwerksexplosionen.

H - Diese Jacks (Caranx sp.) bilden eine silberstrahlende Wand.

FOTHTHEYO

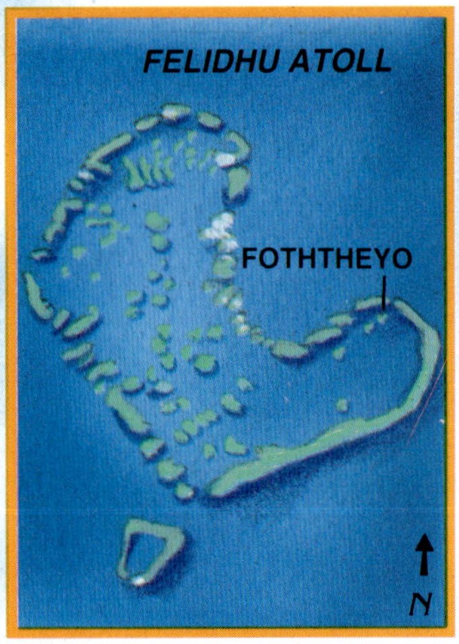
FELIDHU ATOLL
FOTHTHEYO
N

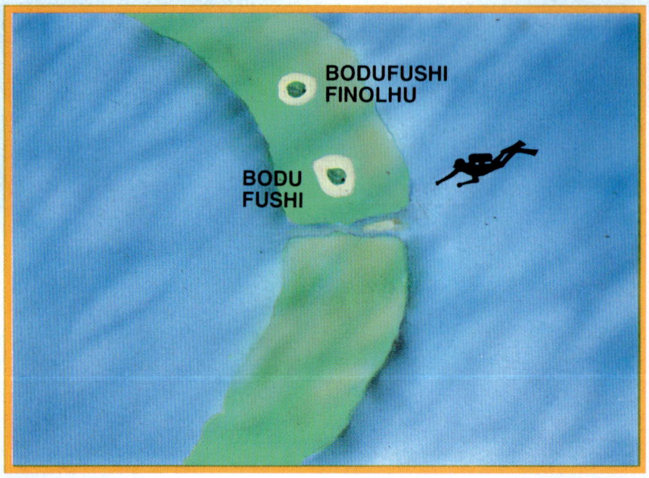
BODUFUSHI
FINOLHU
BODU
FUSHI

0 m
10 m
20 m

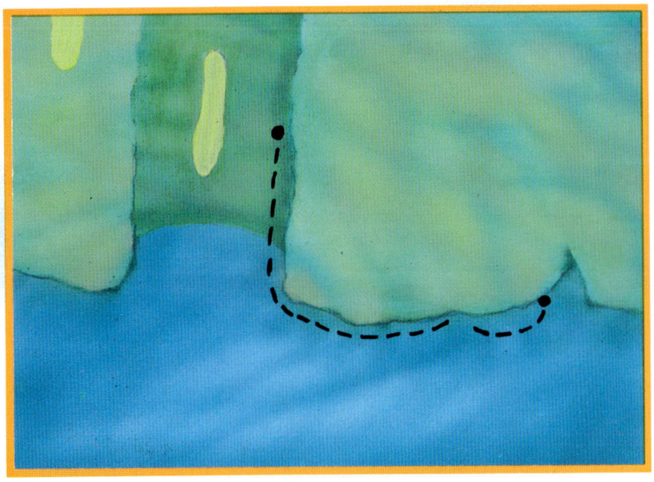

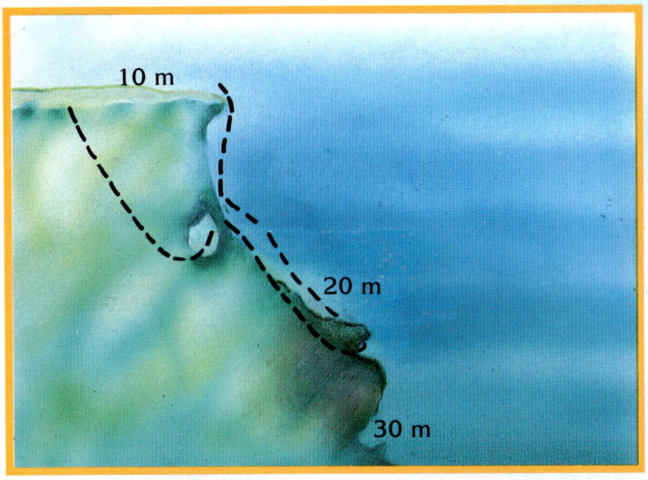
10 m
20 m
30 m

LAGE

Foththeyo liegt an der Ostseite des Felidu Atolls, am Außenriff. Die benachbarten Inseln sind Bodufushi und Bodufushi Finolhu. Der Tauchplatz liegt am Außenriff, am Eingang des Kanals, der das Riff teilt. Spektakulär ist hier nicht nur das im Kanal liegende Thila, das bis ca. zehn Meter unter die Oberfläche reicht, sondern auch der vorgelagerte Steilabfall gegen das offene Meer. Zwischen 25 bis 50 m Tiefe kommt man an einer Abfolge von Grotten und Bögen vorbei, die vollständig von großen, weißen und gelben Weichkorallenformationen überzogen sind. In 40 m Tiefe befindet sich ein herrlicher, von der Natur geschaffener Bogen mit einer Weite von etwa 20 m, auf dessen Boden zahlreiche rote Feuerkorallen wachsen, die sich in der Strömung wiegen. In der Nähe des Bogens springt ein Madreporendach ins offene Meer hinaus, und in der Nähe kann man einen dichten Schwarm Carangidae *(Caranx sp.)* antreffen. Ab und zu ist ein riesiger Kaulbarsch zu sehen, der ein Gewicht von fast zwei Doppelzentnern hat. Er zieht majestätisch und eindrucksvoll – von seinem Hof der Schiffshalter begleitet – vorbei.

A

A - Ein Taucher erhellt eine Vertiefung in der Riffwand mit unzähligen Weichkorallen; im Vordergrund kann man einen herrlichen Gorgonienfächer (Gorgonia ventalina) sehen.

B

B - Bei Foththeyo erwartet den Taucher ein einzigartiges, überwältigendes Schauspiel, wie diese Kaskade weißer und gelber Weichkorallen an einem Abschnitt des Korallenriffs.

C

C - Ein Korallenbarsch (Cephalopolis miniata) nähert sich drohend einem Schwarm von Glasfischen (Parapriacanthus guentheri).

D

D - Am Eingang einer Grotte entsteht durch die verschiedenartigsten Lebewesen eine Palette leuchtender Farben.

Foththeyo wird als einer der schönsten Tauchplätze der Malediven bezeichnet, kann aber nur denen geraten werden, die auf „Advanced"-Stufe sind und gute Erfahrung im Strömungstauchen haben. Es ist in jedem Fall ein Driftdive, der erfolgreich nur bei einströmendem Wasser durchgeführt werden kann. Der Tauchgang beginnt normalerweise an der Riffspalte, und man taucht auf 36 m ab, um durch den Tunnel zu schwimmen, von dessen Boden viele rote und weiße Korallen aufsteigen. Von der Decke hängen viele blaue und weiße Weichkorallen, und am Ausgang befindet sich ein riesiger Schwarzkorallenbaum. Man kann auch in 27 m Tiefe in eine Höhle eintauchen, wo ein riesiger Kaulbarsch (zwei Meter Länge) lebt; man verläßt sie in der gleichen Tiefe und gelangt dann auf 25 m zu dem natürlichen Bogen, der über und über mit gelben, weißen und orangefarbenen Weichkorallen bedeckt ist. Man steigt einige Meter auf und gelangt zu dem Eingang der Passage. In dem Kanal wird ein Sandstreifen überquert, in dem mehrere Weißspitzenhaie *(Carcharhinus albimarginatus)* mit der Nase zur Strömung auf dem Boden liegen, und steigt am

E

F

G

H

I

E - Von der senkrechten Wand ragen große rote Feuerkorallenäste in Meer hinaus.

F - Das Bild zeigt einen Teil der außergewöhnlichen Landschaft der Unterwasserwelt von Foththeyo.

G - Die auf den Malediven eigentlich seltene rote Feuerkoralle entwickelt sich in Gebieten, die die Sonnenstrahlen nicht erreichen; man kann sie somit nur in großer Tiefe sehen.

H - Ein kleiner Schwarm von Orient-Süßlippen (Plectorhynchus orientalis), von winzigen orangefarbenen Anthias (Pseudanthias squamipinnis) begleitet, zieht würdevoll am Korallenriff vorbei.

I - Weichkorallen mit zarten Farben und die allgegenwärtigen Anthias (Pseudanthias squamipinnis) bilden den Rahmen für diesen stacheligen Soldatenfisch (Sargocentron spiniferum).

A - In den Gewässern von Foththeyo, in denen der Pass ins offene Meer hinausführt, bietet sich dem Taucher ein eindrucksvolles Schauspiel: Hunderte von weißen, gelben und orangefarbenen Weichkorallen überziehen vollständig die senkrechten Riffwände.

B - Die weißen Fangarme der Gorgonienpolypen erinnern an einen in voller Blüte stehenden Baum.

Kamm des Thilas auf, der den zehn bis zwölf Meter tiefen Kanal unterteilt. Am Ende der Untiefe durchquert man den Kanal an der rechten Seite und beendet den Tauchgang an der Wand, an der in acht bis neun Meter Tiefe Langusten *(Palinurus sp.)* leben. An der Wand, direkt unter dem Eingang der Passage, strecken einige Gorgonien ihre Fächer hinaus. Die Teams können an den Kanten des Riffs oder im offenen Meer abgesetzt werden. Mit der Strömung läßt man sich bis zur Kanalkante treiben. Anschließend wird über die auf 20 m liegende

D

A

E

B

C

Sandfläche zum Thila geschwommen, das sich im Kanal nach Westen zieht. Entlang oder auf dem Thila kann der Tauchgang beendet werden.

LEBEWESEN

Wie schon erwähnt, ist der ganze Steilabfall am Kanalausgang über und über mit Weichkorallen bewachsen. Grauhaie *(Carcharhinus amblyrhynchos)*, Weißspitzen-Riffhaie *(Carcharhinus albimarginatus)* und eine Schule von Adlerrochen *(Aetobatus narinari)* trifft der Taucher regelmäßig im tieferen Wasser. Auf der Sandfläche liegen große Stachelrochen *(Taeniura melanospilos)*, und oft schwimmen dort Schildkröten *(Eretmochelys imbricata)*. Auf dem Thila wachsen große Tischkorallen, und die Abhänge zur Sandfläche sind voll mit Feuerkorallen.

C - Das flache Maul und das große, drohende Auge bestätigen den aggressiven Charakter des stacheligen Soldatenfisches (Sargocentron spiniferum).

D - Ein Taucher bewundert das großartige Werk der Natur längs der Riffwände von Foththeyo.

E - Die Sonnenstrahlen unterstreichen die zarte Anmut der Äste dieser Gorgonie.

F

G

H

F - Herrliche weiße Weichkorallen von beachtlicher Größe scheinen Licht in die dunklen, tiefen Gewässer von Foththeyo zu bringen.

G - In der Großaufnahme dieses Skorpionsfisches (Pterois volitans) kann man seine stark abgeflachte Struktur gut erkennen.

H - Ein Einsiedlerkrebs bietet sich dem Objektiv des Fotografen dar, er ist jedoch stets bereit, sich in seine Muschel zurückzuziehen, in der er lebt.

I - Die Languste (Palinurus sp.) ist eines der vielen Lebewesen des Riffs.

SICHERHEIT

Bei Tauchgängen in Kanälen ist das Beachten der Strömung ein wichtiger Punkt für die Sicherheit. Bei einfließendem Wasser ist die Kontrolle der Teams, die über dem Thila oder an den Kanalwänden ins Innere des Atolls treiben, besser gewährleistet als im offenen Meer. Daß jedes Team einen Parachut mit sich führen muß, ist selbstverständlich. Wird die Kanalkante vom offenen Meer her, also im abgrundtiefen Wasser, angetaucht, muß besonders auf perfekte Tarierung und Tiefenkontrolle geachtet werden. Die Kanalkante fällt sehr tief ab. Respektieren Sie die Tiefengrenzen!

UMWELTSCHUTZ

Die Höhlen und Grotten am Steilabfall reizen zum Hindurchschwimmen. Beim Fotografieren oder Filmen ist die Kulisse mit den herabhängenden Weichkorallen gegen das tiefblaue Wasser sicherlich spektakulär. Mit der nötigen Vorsicht, vor allem beim Gebrauch der Schwimmflossen, kann der Taucher alles realisieren, ohne den Korallenbewuchs zu berühren.

FOTOGRAFIE

Die Unterwasserwelt bei Foththeyo lädt schon eher zur Weitwinkelfotografie ein. Mit Brennweiten von 14 mm, 15 mm und bis 20 mm kann der Fotograf, angefangen bei den Weichkorallenhöhlen, den Fischschwärmen und den Großfischen, alles aufnehmen.

I

SÜD-MALE-ATOLL - *VAAGALI FARU*

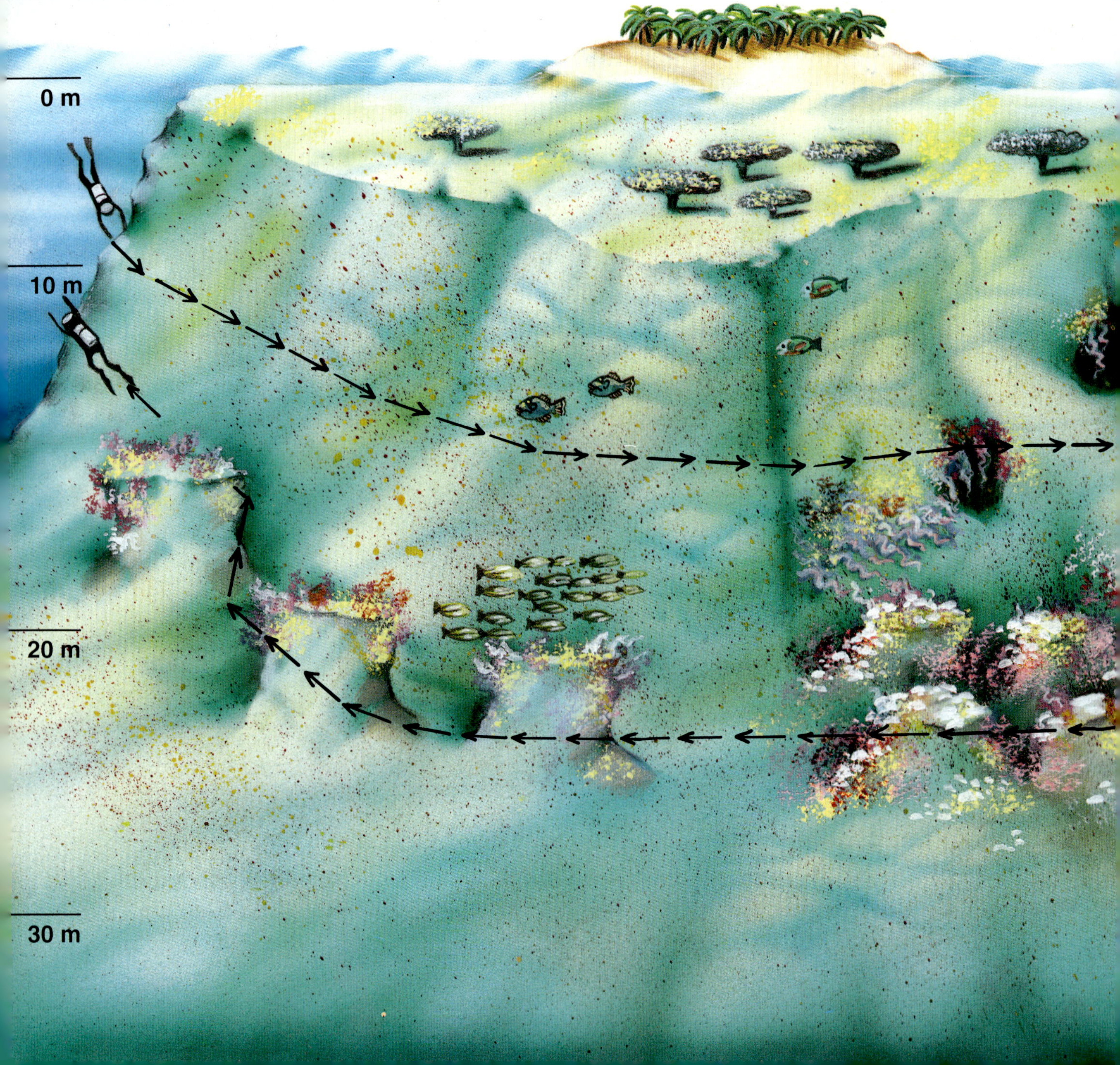

VAAGALI

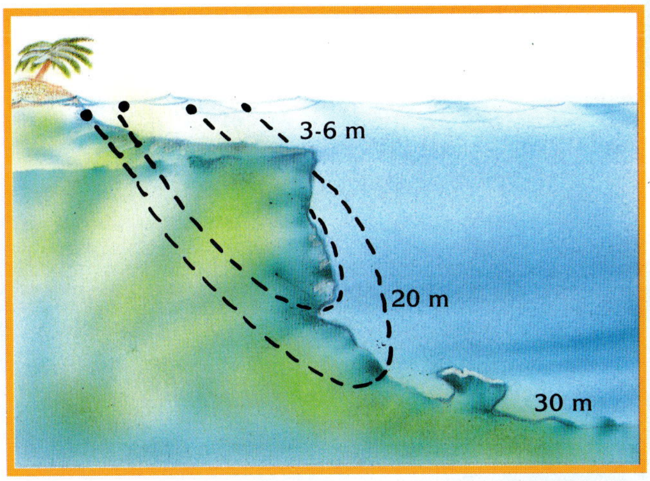
3-6 m
20 m
30 m

A

LAGE

Vaagali Faru liegt an der Westseite des Süd-Male-Atolls, am Außenriff. Die benachbarten Inseln sind: Vaagali, auch „Chicken Island“ genannt, und Rannalhi, im Süden. Der Tauchplatz ist der Abhang einer Riffplatte, auf der sich die kleine Insel Vaagali erhebt. Der Abhang beginnt auf ca. drei Meter und fällt am Außenriff relativ steil auf 30 m Tiefe ab. Vaagali Faru ist ein sehr vielfältiger Tauchplatz: von einem relativ flachen Sandboden im Kanal mit großen Korallenblöcken, über viele Höhlen, bis zum Steilabfall am Außenriff.

B

C

D

TAUCHEN

An diesem Tauchplatz werden nur Strömungstauchgänge durchgeführt. Bei auslaufender Strömung wird der Tauchgang im Kanal östlich der Insel Vaagali gestartet. Der Tauchgang führt dann hinaus ans westliche Außenriff. Bei einlaufender Strömung wird direkt am Außenriff gestartet und zuerst nördlich und dann östlich entlang des Vaagali Riffs getaucht. Der Tauchgang endet im sogenannten Sandbecken im Inneren des Atolls.

LEBEWESEN

Große Soldatenfische *(Myripristis murdjan)* leben in einer Höhle auf genau 24 m Tiefe an der Ecke zum Außenriff. Hier sind oft auch Weißspitzenhaie *(Carcharhinus albimargi-*

A - Der Manta (Manta birostris) wird auch aufgrund der Kopfflossen, die an zwei Hörner erinnern, und des vollkommen schwarzen Körperoberteils Teufelsrochen genannt.

B - Ein kleiner Schwarm von Glasfischen (Parapriacanthus guentheri) streift rasch an Korallenformationen vorbei und schickt Lichtblitze in die Tiefe.

C - Das Blitzlicht des Fotografen unterstreicht das silberleuchtende Farbenkleid und die schlanke Linie einiger in der nächtlichen See schwimmenden Makrelen (Caranx sexfasciatus).

D - Ein Manta (Manta birostris) steigt aus der Tiefe des Ozeans in Richtung des Sonnenlichts auf.

natus) zu sehen. An der Riffkante patrouillieren bei planktonreichem Wasser Mantas *(Manta birostris)*. Auch kann man an diesem Teil des Riffs Meeresschildkröten *(Eretmochelys imbricata)* entdecken. Im Kanal bei einer Höhle, welche von sieben bis zwölf Meter abfällt, steht ein großer Schwarm Füsilierfische *(Caesio sp.)*. Je nach Strömung, vor allem bei einfließendem Wasser, kann der Taucher an diesem Platz immer mit Überraschungen rechnen.

SICHERHEIT

Bei starker Strömung ist dieser Platz nur Tauchern mit Erfahrung im Driftdiving vorbehalten. Bei leichter Strömung ist die Stelle für alle Erfahrungsstufen ideal, weil die Riffkante zwischen drei und acht Meter liegt. Bei auslaufender Strömung, die die Taucher zum Außenriff treibt, ist der Parachut oder die Scubatuba mitzuführen. Ist die Strömung extrem stark, ist es wichtig, an der Ecke Kanal - Außenriff nah am Riff zu schwimmen, da man sonst direkt ins offene Meer hinausgetrieben werden kann.

UMWELTSCHUTZ

Die vielen Höhlen reizen natürlich zum Durchtauchen. Dabei muß der Taucher aber besondere Vorsicht walten lassen, um mit den Flossen keinen Korallenbewuchs zu beschädigen. Wie erwähnt, muß bei starker Auswärtsströmung besonders an der Ecke zum südlichen Außenriff dicht am Riff entlang getaucht werden. Trotz dieser Maßnahme soll auf die Korallenstöcke Rücksicht genommen werden.

FOTOGRAFIE

Aus der schräg nach unten verlaufenden Höhle, die sich an der Kanalwand auf zehn Meter befindet, können gegen das blaue Wasser Taucher und Fischschwärme mit der Grottensilhouette abgelichtet werden. Bei dem Sandboden trifft der Fotograf wegen der Reflexion auf extrem gute Lichtverhältnisse. Die großen Korallenbänke geben eine gute Kulisse für Taucherbilder jeglicher Art ab. Bei einfließendem Wasser lohnt es sich, zwei Kameras mitzunehmen. Am Außenriff und im Kanal ist das Weitwinkel- und Normalobjektiv angebracht, und beim Austauchen im ruhigen Wasser der Lagune können in aller Ruhe noch Makroaufnahmen gemacht werden.

E

F

G

E - Drohend bereitet sich ein Grauer Riffhai (Carcharhinus amblyrhynchos) auf eine Wende vor dem Objektiv des Fotografen vor.

F - Eine Muräne (Gymnothorax flavimarginatus), von der unvermeidlichen Putzergarnele begleitet, zeigt stolz ihr eindrucksvolles Gebiß.

G - Einige Skorpionsfische (Pterois volitans) in der typischen Jagdformation schwimmen mit breit geöffneten Flossen auf der Suche nach Beute.

GURAIDHOO CORNER

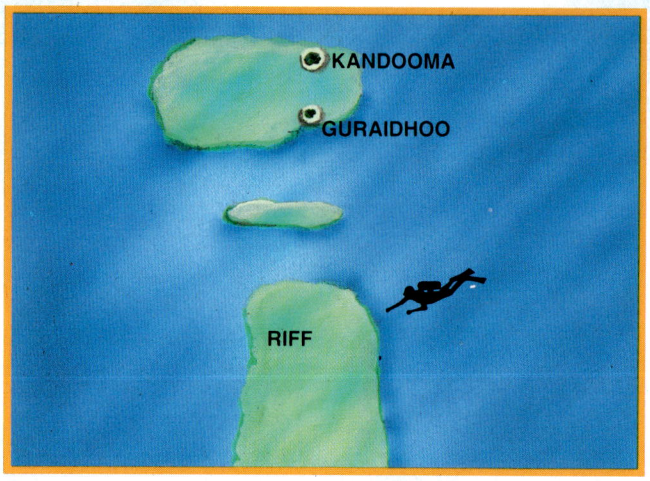

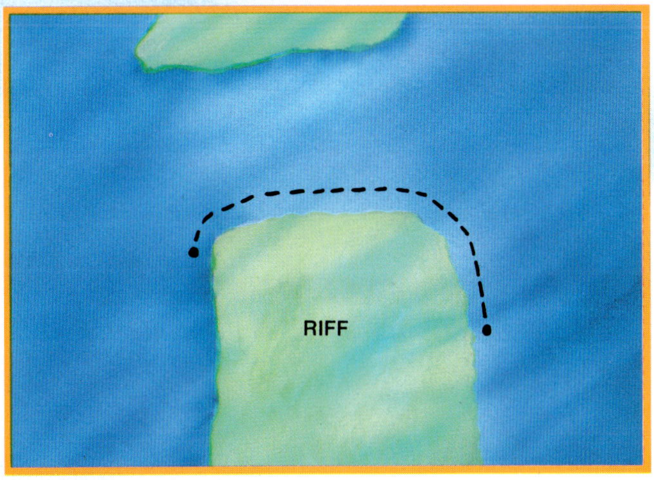
RIFF

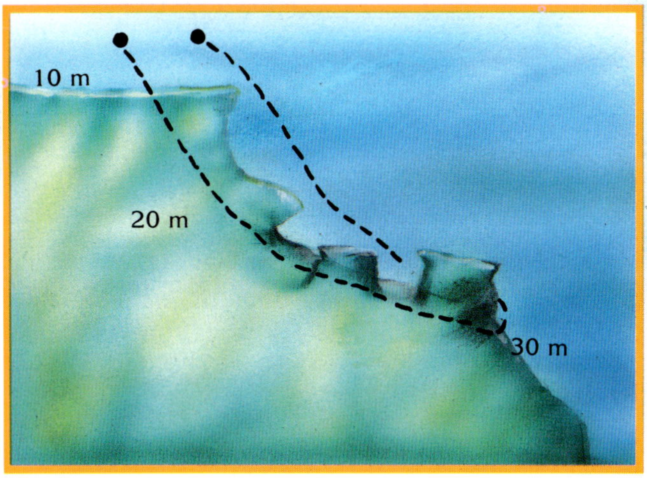
10 m
20 m
30 m

A

LAGE

Dieser Tauchplatz liegt am östlichen Außenriff des Süd-Male-Atolls. Genauer betrachtet ist es die südliche Ecke am Kanaleingang. Die benachbarten Inseln sind Losfushi, Guraidhoo und Kandooma. Die Riffplatte fällt von zehn auf 30 Meter und mehr ab. Sie bildet an vielen Stellen Höhlen und Überhänge. Die Kanalecke zieht sich auf 30 m Tiefe weit hinaus. Einzelne große Korallenblöcke wachsen vom Riffabhang empor.

TAUCHEN

Guraidhoo Corner wird als Driftdive besucht. Diese Tatsache, aber auch die zu bestimmten Zeiten auftretenden starken, vertikalen Strömungen setzen eine sehr große Erfahrung voraus. Die Hauptströmung zieht in das Atoll hinein. Die Kanalecke wird dem Riff entlang driftend angetaucht. Sie ist auch zugleich der tiefste Punkt. Den Tauchgang beenden die Teams entlang der Kanalwand beziehungsweise der Riffkante.

LEBEWESEN

Der Platz ist durch seine Lage am Außenriff, die Wasserbewegungen und die Topographie für Großfische prädestiniert. An der Kanalecke, unten auf 25 m bis 30 m Tiefe, ist die Chance am größten, die vielen Grauhaie *(Carcharhinus amblyrhynchos)* und die Schule von Adlerrochen *(Aetobatus narinari)* beobachten zu können. Die Adlerrochen stehen meistens weit über dem Grund im freien Wasser. An dieser Stelle wurden auch schon mehrere Male große Hammerhaie *(Sphyrna lewini)*, Walhaie *(Rhincodon typus)* und Segelfische *(Istiophorus platypterus)* gesichtet. Guraidhoo Corner beherbergt aber auch große Schwärme von Süßlippen *(Plectorhynchus orientalis)*, Wimpelfischen *(Heniocus diphreutes)* und große, schwarzweiße Schnapper *(Macolor niger)*. Natürlich fehlen auch die großen freundlichen Napoleons *(Cheilinus undulatus)* nicht.

UMWELTSCHUTZ

Beim Entlangtreiben am Riff zu Beginn des Tauchganges ist es einfach, genügend Abstand von den Korallen zu halten. Mehr Vorsicht ist geboten, wenn dann an die Kanalecke hinaus geschwommen wird. Das Riff, das immer flacher wird, ist mit weitausholenden Korallenstöcken bewachsen, und unzählige der grünen Geweih- oder Stempelkorallen wachsen fächergleich in die Höhe. Hier unten zieht auch die Strömung schon kräftig durch.

A - Eine Gruppe von Adlerrochen (Aetobatus narinari) schwimmt am Rande des Passes von Guraidhoo Corner.

B - Manchmal kann man im tiefen Wasser auf einige elegante Hammerhaie (Sphyrna lewini) stoßen, die leicht an der unverwechselbaren Kopfform zu erkennen sind.

C - Ein Runzer (Diagramma pictum) schwimmt an einer majestätischen, von orangefarbenen Anthias (Pseudanthias squamipinnis) umgebenen Gorgonie vorbei.

C

B

Es ist von Vorteil, wenn sich der Fotograf darauf vorbereitet, Fischschwärme, Korallenformationen und natürlich die Haie oder gar den Schwarm der Adlerrochen im Gegenlicht zu fotografieren. Brennweiten von 20 mm bis 15 mm sind dazu ideal. Bei klarem Wasser und nicht zu starker Strömung kann versucht werden, ins freie Wasser unter den Adlerrochenschwarm zu schwimmen. Die Tiere im Gegenlicht, also gegen die Sonne aufgenommen, ergeben spektakuläre und selten gesehene Aufnahmen.

D

E

F

G

H

D - Ein Gorgonienfächer (Gorgonia ventalina), der sich parallel zum Riff entwickelt hat, bietet zahlreichen Federsternen einen guten Halt.

E - Die starken Strömungen haben die Entwicklung und das Wachstum der Gorgonienäste gefördert.

F - In den Gewässern von Guraidhoo Corner leben zahlreiche Riff-Fische, die dem UW-Fotografen hervorragende Motive bieten. Auf dem Bild kann man einige Orient-Süßlippen (Plectorhynchus orientalis) erkennen.

G - Ein Grauer Riffhai (Carcharhinus amblyrhynchos) zeigt sich auf dieser Fotografie in seiner ganzen stattlichen Größe.

H - Ein gelbe Wolke von Blaustreifen-Schnappern (Lutjanus kasmira) erleuchtet die Tiefe des Ozeans.

MIARU FARU - SHARK POINT

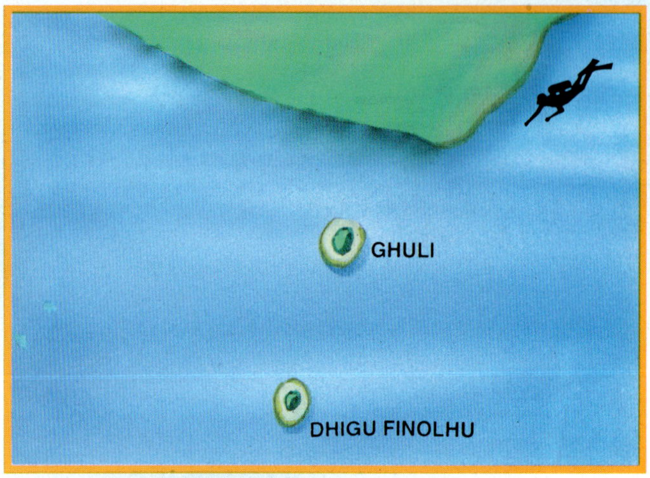

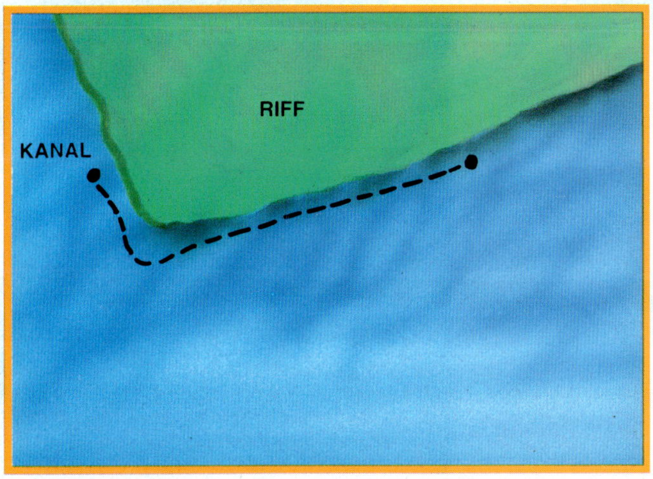
RIFF
KANAL

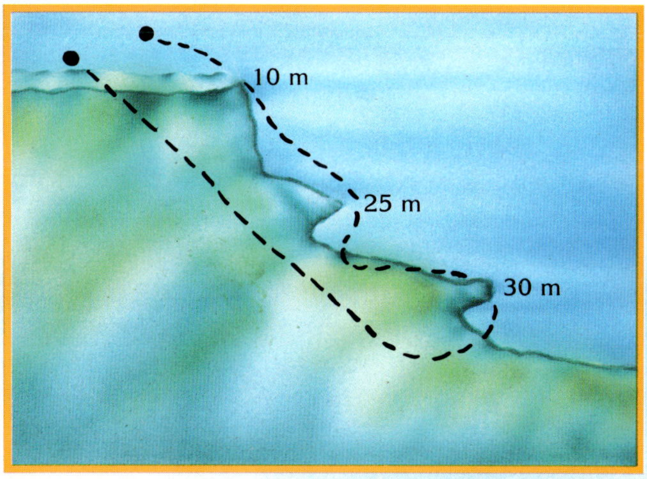
10 m
25 m
30 m

A

LAGE

Shark Point liegt an der Ostseite des Süd-Male-Atolls, am Außenriff. Die naheliegenden Inseln sind Ghuli und Dhigu Finolhu. Der Platz liegt an der nördlichen Kanalecke und wird bei einfließendem Wasser erfolgreich betaucht. Die Oberfläche des Außenriffs liegt auf zehn Meter und fällt dann in einem Winkel von 45 Grad ab. Auf 25 m Tiefe öffnen sich Höhlen, und besonders an der Kanalecke ist das Riff überhängend.

TAUCHEN

Shark Point ist ein Driftdive, der am Außenriff beginnt und im Kanal endet. Die Strömungsgeschwindigkeit bestimmt die Distanz, in der die Teams an der Kanalecke abgesetzt werden. Um nicht über das Riff gezogen zu werden, ist gleich zu Beginn genügend Abstand zur Riffwand zu halten. An der Kanalecke kann die Strömung sehr stark sein. Sie hilft dem Taucher aber dann, ohne Kraftaufwand ins Innere des Atolls zu driften.

D - Der große Reichtum der Gewässer der Malediven ermöglicht die Entwicklung der verschiedenartigsten und merkwürdigsten Madreporenformationen.

A - In einer Grotte in 25 m Tiefe lebt ein Drachenfischpaar (Taenianotus triacanthus). Diese ziemlich seltenen Fische können ihre Körperfarbe der Umgebung anpassen und haben eine stark entwickelte Rückenflosse.

B - Der Umriß von drei Fledermausfischen (Platax teira) hebt sich klar gegen das unendliche Blau des Ozeans ab.

C - Ein Fleckenrochen (Taeniura melanospilos) begleitet den Taucher über den Sandboden des Riffs.

B

C

D

Dieser Tauchplatz ist nur von Tauchern der „Advanced"-Stufe mit großer Erfahrung im Strömungstauchen zu besuchen.

LEBEWESEN

Wie es der Name schon sagt, sind hier Haie zu sehen. An der Kanalecke, wo die Strömung am stärksten ist, ziehen die Tiere ihre Kreise. Die Grauhaie *(Carcharhinus amblyrhynchos)* und Weißflossen-Riffhaie *(Carcharhinus albimarginatus)* kommen recht nahe an den Taucher heran. Aber nicht nur die Haie und die Adlerrochen *(Aetobatus narinari)*, die ebenfalls an dieser Stelle zu sehen sind, machen den Platz interessant. Eine Höhle auf einer Tiefe von 25 m beherbergt zwei gelbbraune Schaukelfische *(Taenianotus triacanthus)*. Da die Tiere nicht einfach vom Untergrund auszumachen sind, empfiehlt es sich, dem Divemaster zu folgen!

SICHERHEIT

Die Techniken und Regeln des Strömungstauchens kommen auch beim Shark Point zur Anwendung. Beim Außenriff besteht an der Riffkante die Gefahr, über das Riff gezogen zu werden. Wird aber auf ca. 20 m Tiefe und mit genügend Abstand vom Riffabhang geschwommen, kann das nicht passieren. An der Ecke selbst wird die Strömung stärker. Der Taucher muß sich bewußt sein, daß er sich auf 30 m Tiefe befindet und anstrengende Beinarbeit leistet. Eine häufigere Kontrolle des Luftvorrats ist deshalb notwendig.

UMWELTSCHUTZ

Die Gefahr, daß bei Strömungstauchgängen Korallen beschädigt werden, ist immer sehr groß. Beim Entlangdriften am Riff kann problemlos genügend Abstand gehalten werden. An der Kanalecke wird versucht, so weit wie möglich gegen die Strömung auf dem Riffabfall vorzustoßen.

E

F

Mit der richtigen Schwimmtechnik, knapp austariert und mit einer gutsitzenden Ausrüstung ist es möglich, Höhe zu gewinnen, ohne sich an den Korallen vorwärts zu ziehen. Muß man sich unbedingt festhalten, soll ein abgestorbener Stock dazu ausgewählt werden.

FOTOGRAFIE

Beim Entlangdriften am Riff muß sich der Fotograf auf Landschaftsaufnahmen beschränken, weil ein Anhalten resp. Dagegenschwimmen nur von kurzer Dauer sein kann. Die seltenen Schaukelfische *(Taenianotus triacanthus)* stehen im Schutz einer Höhle. Diese Tiere können bildfüllend mit einem 50-mm- bis 100-mm-Makroobjektiv aufgenommen werden. Besitzer von Motormarine 11- und Nikonos-Kameras sollten den Makrorahmen 1:3 verwenden.

G

H

E - Majestätische Adlerrochen (Aetobatus narinari) ziehen ihre Kreise im tiefen Wasser um Miaru Faru.

F, G - Das Thila von Miaru Faru wird auch Shark Point genannt, denn hier leben viele Graue Riffhaie (Carcharhinus amblyrhynchos).

H - Ein kleiner Schwarm von Wimpelfischen (Heniochus pleurotaenia) erforscht die nahrungsreichen Gründe des Riffs.

EMBUDHU KANDU

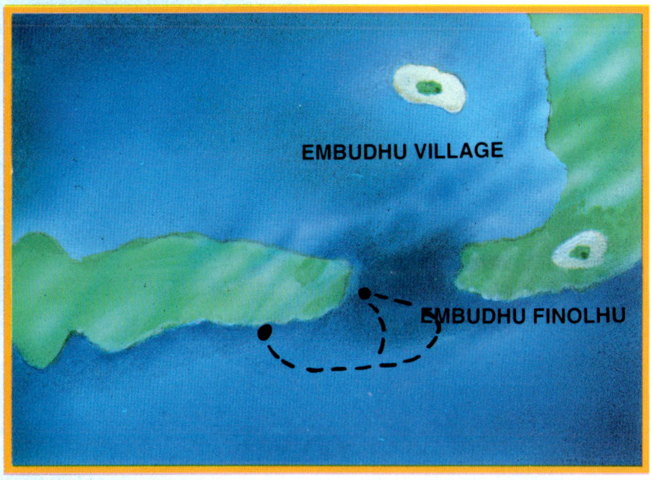
EMBUDHU VILLAGE
EMBUDHU FINOLHU

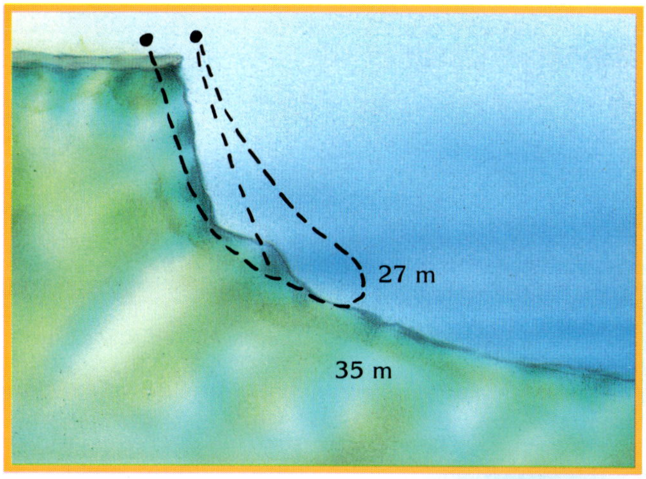
27 m
35 m

A

B

C

A - Die breite Passage von Embudhu wird von starken Strömungen durchzogen, die für einen Wasseraustausch in der Lagune sorgen.

B - Ein großer Schwarm von Clownfischen (Amphiprion nigripes) zwischen den Armen einer großen Seeanemone.

C - Die Napoleonfische (Cheilinus undulatus) sind sehr gesellig und zahm.

LAGE

Die Tauchstelle befindet sich im nordöstlichen Teil des Atolls von Süd-Male, genauer gesagt, an der südlichen Ecke des Durchgangs von Embudhu. Auf den beiden nahegelegenen Inseln Embudhu und Embudhu Finolhu befinden sich Touristendörfer. Das Riff erreicht eine Tiefe von etwa drei Meter und fällt dann tief ab; in der Nähe des Kanals bildet es Grotten und Höhlen. Die Stufe der eigentlichen Passage liegt in 30 bis 35 m Tiefe.

TAUCHEN

Embudhu ist eine Tauchstelle, an der man wenig schwimmt und viel wartet; Anfang und Ende des Tauchgangs erfolgen im Driftdive. Man geht an der Außenwand des Atolls, etwa 100 m von der Kanalecke entfernt, ins Wasser und taucht dann diagonal ab, wobei die Riffwand links bleibt, bis man sich am äußersten Rand der Stufe in etwa 30 m Tiefe befindet. Hier bleibt man auf Beobachtungsstation, bis die Sicherheitskurve des Computers bzw. die Luftreserve zum Auftauchen zwingt. Man läßt sich von der Strömung in den Kanal tragen. Es ist darauf zu achten, nahe an der linken Wand zu bleiben und schräg bis auf fünf Meter aufzutauchen, wo man sich nach der Sicherheitsstufe und nach Aufblasen der Tarierweste vom Riff entfernt, um vom Diving-Dhoni aufgefischt zu werden.

LEBEWESEN

Aufgrund der Lage und der großen, von den Wellen verursachten Wasserumwälzung ist Embudhu eine Tauchstelle, an der man alles mögliche sehen kann. Die Außenwand des Atolls ist von unzähligen Höhlen überzogen, in denen die farbigen Einwohner des Riffs – von den Fischen bis zu den Weichkorallen – leben. Sobald man die Stufe im Kanal erreicht hat, heben sich vor dem blauen Hintergrund die Umrisse der

D - Der Steinfisch (Synanceia verrucosa) ist einer der gefährlichsten Bewohner des Riffs. Er ist ein Meister der Tarnung, und seine strahlenförmigen Stachel sondern ein starkes Gift ab, das in manchen Fällen tödlich wirken kann.

E - Man hat den Eindruck, der Taucher verfolge auf dem Felsenboden einige Orient-Süßlippen (Plectorhynchus orientalis).

F - Zahlreiche Adlerrochen (Aetobatus narinari) entfernen sich mit raschem Flügelschlag vom Riff und schwimmen ins offene Meer hinaus.

G - Der kaum erkennbare Umriß eines Tauchers im Gegenlicht und eine zarte Weichkoralle bilden eine harmonische Fotokomposition.

Grauhaie *(Carcharhinus amblyrhynchos)* ab, die zunächst mißtrauisch sind, sich jedoch dann den Tauchern nähern. Schwärme von Adlerrochen *(Aetobatus narinari)*, manchmal bis zu 25 in Formation, segeln majestätisch über die Stufe hinweg. Man kann Thunfische *(Thunnus sp.)* von beachtlichen Ausmaßen sowie Makrelen *(Caranx sp.)* sehen, und bei schwacher Strömung begleitet eine Familie von Napoleonfischen *(Cheilinus undulatus)* die Taucher während des ganzen Tauchgangs. In dem Kanal kann man an dem Korallenblock, der sich von der Wand gelöst hat, Schwärme von Süßlippen *(Plectorhynchus sp.)* und Schnapper *(Lutjanus kasmira)* mit zur Strömung gerichteten Mäulern sehen. Mehrmals sind Papageienfische mit dem Horn *(Bolbometopon muricatum)* im oberen Teil des Riffs gesichtet worden.

FOTOGRAFIE

Man kann herrliche Aufnahmen mit Weitwinkelobjektiven von den Adlerrochenschwärmen machen, im Gegenlicht und aus nächster Nähe,

F

wenn man sich nicht bewegt und einige Fische dadurch neugierig werden. Auch die Napoleonfische kommen ganz nahe heran, so daß man einige schöne Bilder von diesen sympathischen Tieren aufnehmen kann. Mit nicht so starken Weitwinkelobjektiven ist es möglich, die Haie und andere Hochseefische zu fotografieren, vor allem gegen Tagesmitte, wenn das Licht am besten ist.

D

E

G

DIE FISCHE DER MALEDIVEN

Korallenriffe befinden sich im Indischen Ozean hauptsächlich in seinem westlichen Bereich, wo auch die größten und reichsten Korallenformationen angesiedelt sind. Insbesondere stellt das Inselreich der Malediven eine außerordentlich reiche Schatzgrube für Korallen dar. Diese Inselkette hat sich entlang der Spitzen einer unterseeischen Gebirgskette gebildet, der man den Namen Maledivenrücken gegeben hat. Der Maledivenrücken besteht aus einer Reihe von Vulkanen, und auf ihren Gipfeln bauen sich die zahllosen Atolle auf, die das „Reich der tausend Inseln" bilden.
Die Malediven liegen etwa 800 Kilometer von Sri Lanka entfernt direkt nördlich des Äquators. Die Inselkette erstreckt sich über 800 Kilometer in Nord-Süd-Richtung und ist etwa 100 Kilometer breit. Sie umfaßt nahezu 1000, in der Mehrzahl unbewohnte Inseln. Der Prozeß der Inselentstehung ist vielfach noch im Gange, wie man schnell feststellen wird, wenn man die Gelegenheit hat, mit dem Schiff in diesem Inselreich zu navigieren. Die Inseln sind in Wirklichkeit über die Wasseroberfläche hinausreichende Erhebungen auf den ausgedehnten Atollringen, die die typische Korallenformation der Malediven darstellen.
Der Name Atoll ist der maledivischen Sprache, dem Divehi, entlehnt, und „atholu" bedeutet in der einheimischen Sprache „Inseln, die ringförmig angeordnet sind".
Von den Meeeresbiologen werden die Atolle als eine der komplexesten Korallenformationen betrachtet, und das nicht nur in Bezug auf ihren Aufbau, sondern auch hinsichtlich ihrer Entstehung. Die vorherrschende Theorie ist heute, daß sich die einzelnen Vulkanspitzen, auf denen sich die Korallen aufbauten, oder auch der gesamte Meeresboden langsam senkten, so daß sich die typische ringförmige Struktur der Atolle ergab.
Wie auch immer die Atollbildung vor sich gegangen sein mag, die Atolle weisen jedenfalls eine Zahl unterschiedlicher Merkmale auf, die man mit einer gewissen Regelmäßigkeit bei den einzelnen Atollen nachweisen kann: Lagune, Riffdach, Riffkamm und Riffhang. Die Lagune ist die flache Wasserfläche mit Sandgrund innerhalb des Atollrings, die an den umliegenden Inseln in einen Sandstrand ausläuft. Im allgemeinen findet man in den Lagunen keine größeren Wassertiefen vor, und die vereinzelten Korallenformationen in ihnen sind in Größe und Ausdehnung sehr begrenzt.
Die Korallenformationen wachsen hauptsächlich an der Außenseite des Atolls. Dort bilden sie ein Riffdach, das reich an verschiedenen Korallenarten ist, die der erhöhten Lichteinstrahlung und längeren Luftaussetzung während der Ebbeperioden standhalten können. Weiter zum offenen Wasser hin senkt sich der Riffhang in die Tiefe, anfangs in sachter Neigung, dann steil bis zu einem ersten Sockel hinunter. Von dort aus stürzt die Wand jäh bis in die Meerestiefen hinab, die um die Malediven herum 3000 bis 4000 Meter betragen.
Jede der einzelnen Zonen im Riff hat natürlich einen spezifischen ökologischen Charakter, den man allerdings nur mit etwas Übung erkennt. In den flachen Gewässern der Lagunen kann der Taucher eine Reihe von Grundel-Arten beobachten, die sich schnell in ihre Wohnröhren zurückzuziehen pflegen, die sie in den Sandgrund gegraben haben. Hier und da sieht man Gruppen tropischer Barben herumziehen, die man an den großen Barteln unter ihrem Maul leicht identifizieren kann. Es ist auch absolut nicht ungewöhnlich, in der Lagune großen Rochen und Stachelrochen zu begegnen, insbesondere in den frühen Morgenstunden. Diese Fische suchen hier während der Nacht Zuflucht, indem sie sich in den Sandgrund eingraben. Die verstreut stehenden Korallenstöcke bestehen aus Geweihkorallen (Acropora sp.) oder auch aus etwas solider gebauten Steinkorallen (Porites sp.). An ihnen kann

man im flachen Wasser gut die kleinen Riffbarsche beobachten, beispielsweise Dreibinden-Preußenfisch (Dascyllus aruanus) oder Dreipunkt-Preußenfisch (D. trimaculatus), weiter Drückerfische wie den Picasso-Drücker (Rhinecanthus aculeatus) sowie den Indischen Gestreiften Segelflossendoktor (Zebrosoma veliferum). Auch eine große Zahl verschiedener Lippfische findet man hier. Wo der Korallenbestand sich verdichtet, nehmen entsprechend auch die Fischarten zu: Drücker-, Doktor-, Papagei- und Lippfische, Grundeln und Riffbarsche bevölkern die zahlreichen ökologischen Nischen, die sich im Korallenlabyrinth auftun. Sowohl die pflanzen- als auch die fleischfressenden Arten finden hier Nahrung und Lebensräume, in denen sie Schutz suchen und sich fortpflanzen können.
Der äußere Hang des Riffs fällt mehr oder weniger steil in die Meerestiefe hinab. Hier findet man große Seeanemonen (Heteractis sp.), die von Anemonenfischen (Amphiprion sp.) bewohnt werden, und die merkwürdigen Peitschenkorallen (Juncella sp.), die sich in die eine oder andere Richtung lehnen, je nachdem, wie die immerwährende Strömung geht. Kraftvolle Strömungen sind besonders typisch für die Riffkanäle, die das offene Meer mit den Lagunen verbinden. Wenn man - unter Anleitung erfahrener Tauchlehrer - in diesen Kanälen taucht, kann man beinahe dieselben Geschwindigkeiten erreichen wie die Fische selbst. Graue und Weißspitzen-Riffhaie, Schwärme von Stachelmakrelen und Doktorfischen, Thunfische, Barrakudas, Adlerrochen und zu bestimmten Zeiten auch Mantas schwärmen hier durcheinander, und mit etwas Glück begegnet man auch Hammerhaien sowie Walhaien in diesen Kanälen. In den meisten Fällen ist es ein Glücksfall, diese etwas selteneren Arten zu erblicken. Wie Schatten tauchen sie aus den blauen Tiefen auf und gleiten für wenige Augenblicke durch das Sichtfeld des Tauchers. Dieser, durch die buchstäblich grenzenlose Vielfalt der Lebensformen (alleine die Zahl der Fischarten in diesen Gewässern beträgt über tausend) abgelenkt, verpaßt möglicherweise sogar den flüchtigen Augenblick.
Unweit des Riffs, entlang der Eingänge von Höhlen, stehen Kolonien von Weichkorallen und strecken die Gorgonien ihre Fächer in die Strömung. Auf ihnen haben sich Federsterne niedergelassen, die ebenfalls Nahrung aus dem Wasser filtrieren. Unter oder zwischen den Korallenstöcken sowie in den Grotten und Höhlen suchen große Schulen von Juwelen-Fahnenbarschen und Soldatenfischen Zuflucht. Auch Zackenbarsche zahlreicher Arten verbergen sich hier, aus sicherer Entfernung beobachtet von großen Napoleonfischen sowie Fledermaus- oder Rotzahn-Drückerfischen, die alle bereit sind, bei Gefahr in die nächste Nische oder Höhle im Riff zu flitzen.
Ein hochinteressanter Lebensraum ist auch der Sandgrund. Im Sand verbergen sich viele Muscheln und Schnecken, aber auch Seegurken und Fische wie die Sandtaucher (Trichonotus setiger). Besonders interessant sind die Lebensgemeinschaften der Partnergrundeln (Amblyeleotris sp.) mit Pistolen- oder Knallkrebsen. Sie teilen sich eine ins Subtrat gegrabene Wohnröhre. Zauberhaft auch die Kolonien der Röhrenaale, die sich in der Strömung wiegen.
Wenn der Taucher in Riffzonen gelangt, die etwas vor der Strömung geschützt liegen, kann er mit großer Wahrscheinlichkeit Putzerlippfische bei der Arbeit beobachten. Interessant ist, wie sich das Verhalten und häufig auch die Färbung der geputzten Fische drastisch innerhalb weniger Minuten verändern oder wie die Papageifische mit lautem Geräusch Korallenstücke abbeißen und in regelmäßigen Abständen kleine Sandwolken ausstoßen. Daraus wird dann zu seiner Zeit der reinweiße Sandstrand einer sich bildenden Insel, und so schließt sich der Kreislauf von Meer und Land auf den Malediven wieder.

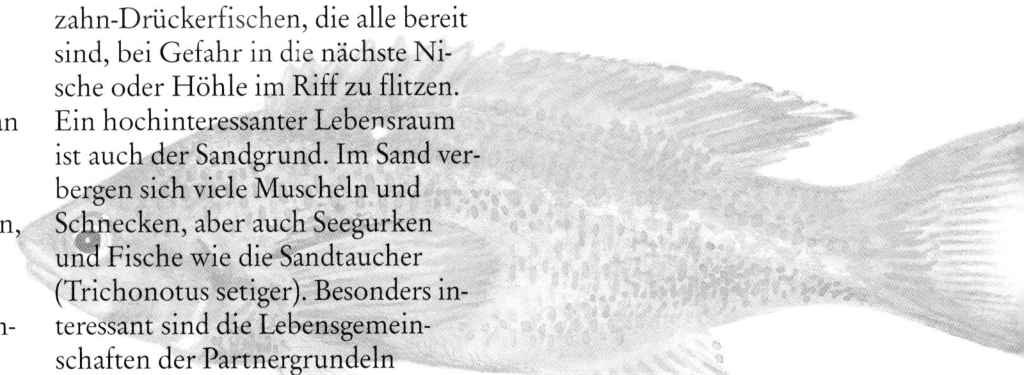

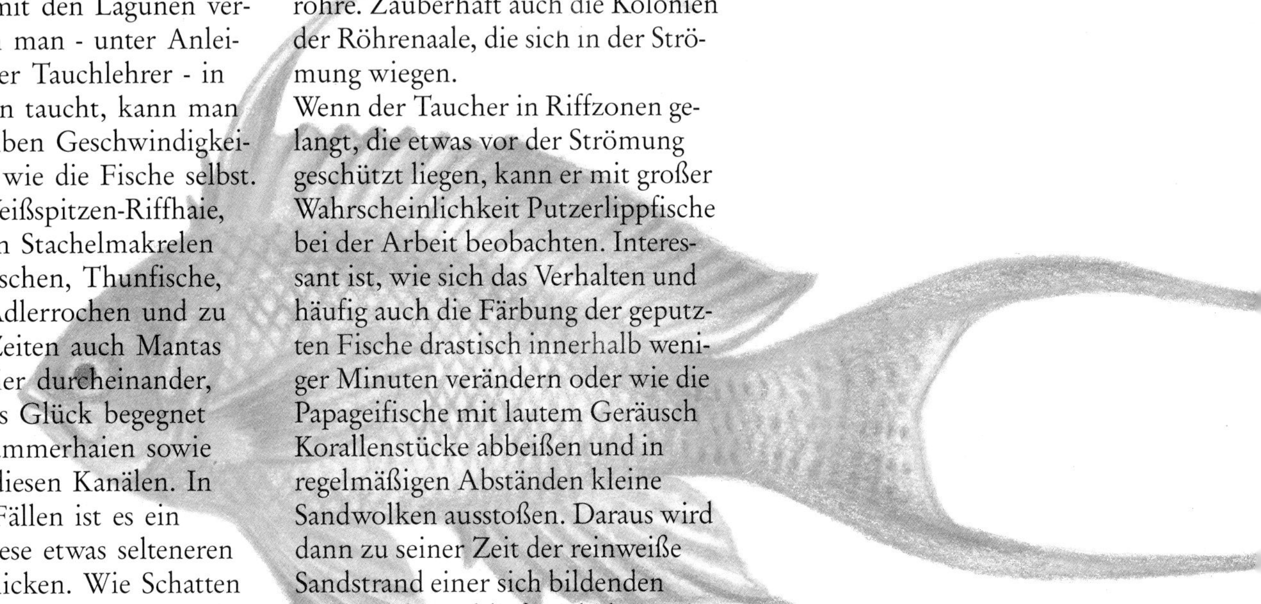

FAMILIE RHINCODONTIDAE
Walhai ▲
Rhincodon typus
Der Walhai ist der größte Fisch, den es gibt, und er ist leicht an seiner Größe zu erkennen. Der Kopf ist flach mit einem breiten, endständigen Maul und vielen kleinen Zähnen. Die Augen sind sehr klein. Walhaie schwimmen oft nahe der Meeresoberfläche, wo sie kleine Fische, Krebse oder Kopffüßer fressen. Die Färbung ist hell- bis dunkelblau mit deutlichen weißen Punkten auf dem Rücken. Der Bauch ist weiß. Dieser Fisch ist ungefährlich; er erreicht eine Größe von 14 Meter.

FAMILIE ORECTOLOBIDAE
Gewöhnlicher Ammenhai ▲
Nebrius ferrugineus
Schlank auslaufender Körper mit abgeflachtem Bauch. Das Maul liegt weit vorne, noch vor den Augen. Der Ammenhai verfügt über zwei längere Barteln am Maul als Tastorgane. Die erste Rückenflosse ist größer und höher als die zweite Rückenflosse und die Afterflosse. Die braune Körperfärbung variiert von Individuum zu Individuum und ist von der Umgebung abhängig. Dieser Hai ist nachtaktiv, tagsüber liegt er meist unter Überhängen und Spalten des Korallenriffs. Diese Art, die eine Länge von zwei bis 3,2 Meter erreicht, ernährt sich von Fischen und Kopffüßern.

FAMILIE CARCHARHINIDAE
Schwarzspitzen-Riffhai ▲
Carcharhinus melanopterus
Dieser durchschnittlich große, bis etwa 180 cm lange Hai ist im flachen Wasser häufig, vor allem in der Nähe von Außenriffen. Sein Körper ist schlank, die Schnauze kurz und abgerundet und der Kopf abgeflacht. Die Flossenspitzen sind schwarz. Es hat dreieckige, spitzzulaufende Zähne. Der Schwarzspitzen-Riffhai wird bis zwei Meter lang, er scheint territorial zu sein.

Grauer Riffhai ▲
Carcharhinus amblyrhynchos
Kräftiger, stromlinienförmiger Körper. Sehr ähnlich dem *Carcharhinus wheeleri.* Die Rückenflosse ist leicht sichelförmig und endet in einer fast weißen, abgerundeten Spitze. Der obere Schwanzflossenlappen ist deutlich größer als der untere. Die Schwanzflosse endet mit einem schwarzen Saum, vor dem ein hellerer Streifen liegt. Die Spitze der nicht sehr langen Schnauze ist deutlich abgerundet; die Augen sind rund. Der Graue Riffhai wird zwischen eineinhalb und zwei Meter lang. Er ist an den strömungsexponierten Riffhängen nicht selten, meist in Tiefen unterhalb zehn Meter.

Weißspitzen-Riffhai ▲
Triaenodon obesus
Die Spitzen der Rücken- und der Schwanzflosse sind weiß. Der obere Teil der Schwanzflosse ist länger als der untere. Die Zähne sind ziemlich klein; die Augen haben eine Nickhaut. Der Weißspitzen-Riffhai wird bis zu zwei Meter lang. Er gilt als harmlos und scheu. Trotzdem sollte man ihn nicht unterschätzen: Nicht wenige halten ihn auch als gefährlich für den Menschen. Er scheint territorial zu sein.

FAMILIE DASYATIDAE
Schwarzpunktrochen
Taeniura melanospilos
◄ Runder, ziemlich scheibenförmiger Körper, an den Rändern etwas aufgeworfen. Die Augen liegen leicht erhöht; unmittelbar dahinter befinden sich die großen Spritzlöcher, die den Tieren das Atmen ermöglichen, auch wenn sie auf dem Meeresboden liegen. Die Rückenhaut ist knotig aufgerauht. Der Schwanz, der länger ist als der Körperdurchmesser, trägt einen oder zwei Giftstacheln mit gezähnten Rändern. Der Rücken ist gräulich gefärbt, mit braunen oder schwarzen Flecken, die manchmal ineinanderfließen. Der Bauch ist hell gefärbt. Diese Fische liegen meist auf geschützten Sandflächen oder in Unterwasserhöhlen. Sie werden bis zu eineinhalb Meter im Durchmesser groß.

FAMILIE MYLOBATIDAE
Gefleckter Adlerrochen
Aetobatus narinari
Dieser Rochen ist leicht an seinem konvexen, spitzzulaufenden Kopf mit großen Augen und breiten seitlichen Spritzlöchern zu erkennen. Der rhombusförmige Körper besitzt breit, spitzzulaufende Brustflossen. Der Schwanz, mit einem, zwei oder drei gezähnten Stacheln, ist etwa dreimal so lang wie der Körper. Die Bauchflossen sind breit und fleischig. Der dunkelgefärbte Rücken ist mit weißen Punkten übersät. Der diskusförmige Körper erreicht eine Breite von zwei Metern. Adlerrochen werden zwei bis zweieinhalb Meter lang. Die Rochen sind auch im flachen Wasser über sandigem Grund in ein bis fünf Meter Tiefe anzutreffen.

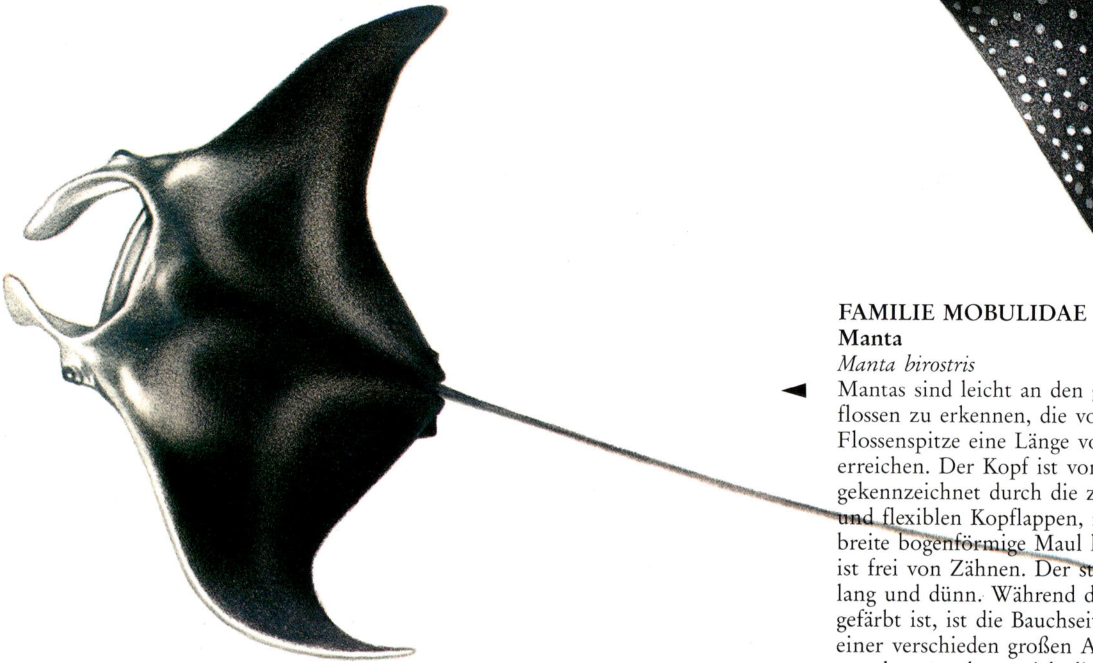

FAMILIE MOBULIDAE
Manta
Manta birostris
Mantas sind leicht an den gutausgebildeten Brustflossen zu erkennen, die von Flossenspitze zu Flossenspitze eine Länge von fünf bis sechs Meter erreichen. Der Kopf ist vom Körper abgesetzt und gekennzeichnet durch die zwei langen, flachen und flexiblen Kopflappen, zwischen denen das breite bogenförmige Maul liegt. Das Oberkiefer ist frei von Zähnen. Der stachellose Schwanz ist lang und dünn. Während der Rücken dunkel gefärbt ist, ist die Bauchseite wesentlich heller mit einer verschieden großen Anzahl dunkler Flecken versehen, an denen sich die Individuen gut unterscheiden lassen.

FAMILIE SYNODONTIDAE
Riff-Eidechsenfisch
Synodus variegatus
Langgestreckter Körper, seitlich zusammengedrückt. Angehobener Kopf mit hochliegenden Augen und einem großen, leicht schrägen Maul. Die gutentwickelten Kiefer sind mit vielen nadelspitzen Zähnen besetzt. Die Färbung ist variabel, der Rücken bräunlich, an den Seiten sind mehr oder weniger scharf begrenzte rote Flecken. Diese Fische bevorzugen sandigen Boden, auf dem sie auf Beute lauern.

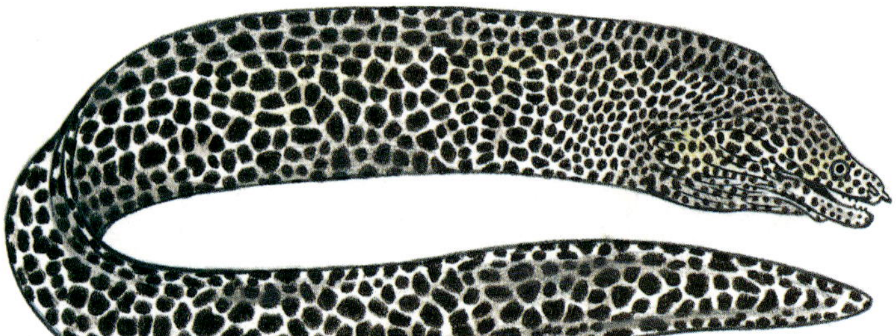

FAMILIE MURAENIDAE
Große Netzmuräne
Gymnothorax favagineus
Eine sehr große Muräne, jedoch mit einem sich stärker verjüngenden Körper als die vorher beschriebene Art. Konischer Kopf mit einer leicht spitz zulaufenden Schnauze. Bei geöffnetem Maul werden die Zähne sichtbar, die in einer einzigen Reihe in jedem Kiefer angeordnet, aber im Oberkiefer kräftiger ausgebildet sind. Die Flossen sind von einer dicken Epidermis bedeckt. Die Färbung ist gekennzeichnet durch unregelmäßige dunkle Flecken, die weiß oder gelb umrandet sind und so ein ausgeprägtes Netzmuster bilden. Diese Muräne lebt überall am Riffhang, sie erreicht eine Körperlänge von bis zu 300 Zentimetern.

Marmormuräne
Gymnothorax undulatus
Eine Muräne mit einem stämmigen Körper. Der Vorderkörper des Tieres erscheint ziemlich mächtig, was durch den massigen Kopf wie die Rückenflosse bedingt wird, die zwischen dem Nacken und der Kiemenöffnung beginnt. Marmorierte Körperzeichnung mit gepunkteter Kopfpartie. Die Ränder der Kiemenöffnungen sowie die Schwanzspitze sind weiß. Die Leopardenmuräne, die bis zu eineinhalb Meter lang wird, lebt in den Schlupfwinkeln und Riffspalten ebenso wie auf Riffhängen und flachen Abschnitten.

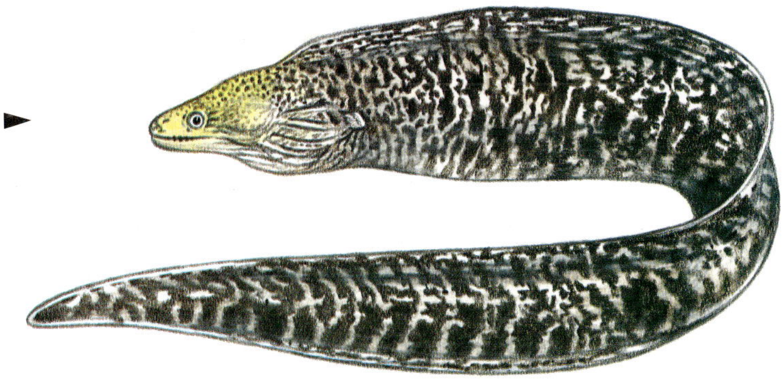

Riesenmuräne
Gymnothorax javanicus
Die größte aller Muränen ist im gesamten Roten Meer weit verbreitet. Der Körper ist sehr kräftig, der Kopf gut ausgebildet. Die Schnauze ist kurz und mit einem breiten Maul versehen. Die Kiemenöffnungen sind kaum zu übersehen: groß und schwarz. Der Körper weist drei Reihen dunkelbrauner Flecken auf. Der Schwanzbereich ist netzartig gemustert. Riesenmuränen werden bis 300 Zentimeter lang.

FAMILIE HETEROCONGRIDAE
Ohrfleck-Röhrenaal
Heteroconger hassi
Diese extrem scheuen Fische flüchten sofort beim Anblick eines Tauchers. Die Tiere bilden große Kolonien auf sandigem Boden, meist in einer Tiefe von über zwanzig Meter. Auf der Suche nach Zooplankton, von dem sie leben, wiegt sich ihr Oberkörper im Wasser. Der Kopf ist charakterisiert durch eine stumpfe Schnauze, große Augen und ein schräges Maul mit wulstigen Lippen. Der Körper zeigt eine helle Färbung, übersät mit vielen kleinen dunklen Punkten, mit größeren Flecken in Rückenhöhe. Diese Art erreicht eine Körperlänge von 40 Zentimetern.

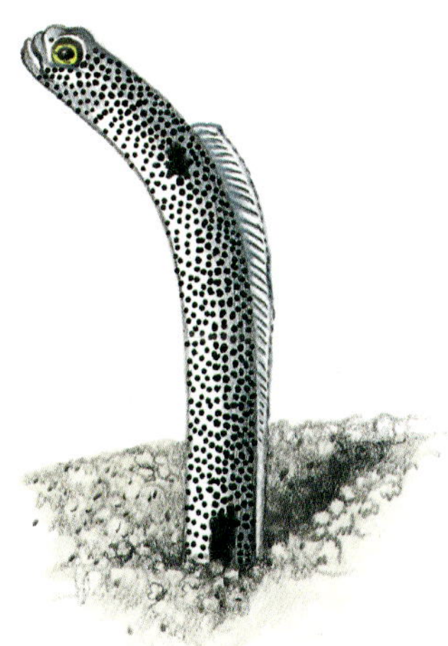

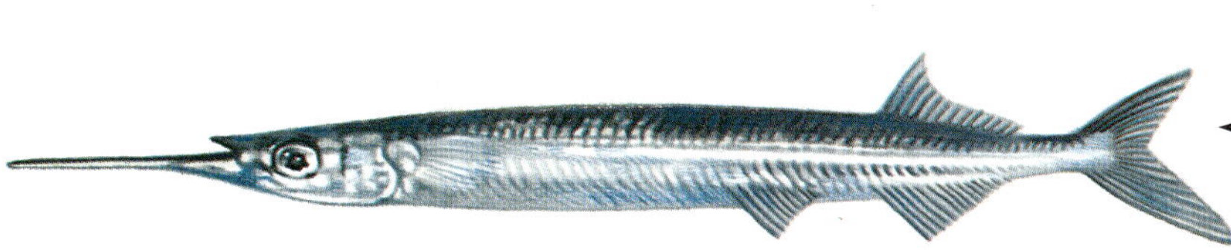

FAMILIE HEMIRAMPHIDAE
Dussumiers Halbschnabelhecht
Hyporhamphus dussumieri
Die Fische dieser Art sind leicht an ihrer Form zu erkennen, die an die Hornhechte (Belonidae) erinnern. Das auffallendste Körpermerkmal jedoch ist das Maul, das einen langen, schlanken Unterkiefer aufweist, während der Oberkiefer kurz und dreieckig geformt ist. Dieser Fisch lebt in Schulen, die dicht unter der Oberfläche schwimmen, wo sie kleine Fische und Zooplankton jagen. Silbrige Färbung mit bläulichen Reflexen auf dem Rücken. Die Halbschnäbler erreichen eine Größe von 30 Zentimetern.

FAMILIE FISTULARIIDAE

Flötenfisch

Fistularia commersonii

Der zylindrische Körper endet in einer langen, röhrenförmigen Schnauze. Die Rücken- und Afterflossen liegen symmetrisch ziemlich weit am Ende des Körpers. Die zwei zentralen Strahlen der Rückenflosse sind sehr dünn und lang. Die Färbung variiert und kann sich zum Zwecke der Tarnung erstaunlich schnell ändern, was der tagaktive Räuber nutzt, um aus einer Lauerherstellung heraus seine Beute zu überraschen. Flötenfische erreichen eine Körperlänge von eineinhalb Meter.

FAMILIE AULOSTOMIDAE

Trompetenfisch

Aulostomus chinensis

Länglicher, seitlich abgeflachter Körper, der vorne in einer langen, röhrenförmigen Schnauze endet. An deren Spitze liegt das kleine Maul mit einer Bartel am Unterkiefer. In der Rückenmitte liegen eine Anzahl kräftiger, aufrichtbarer Stacheln, das Rudiment der ersten Rückenflosse. Die zweite Rückenflosse liegt nahe am Schwanzstiel direkt gegenüber der Afterflosse. Die Färbung reicht von gelb bis grünlich. Diese Art frißt kleinere Fische und Krebstiere. Sie erreicht eine Körperlänge von 60 Zentimetern.

FAMILIE SYNGNATHIDAE

Schultz's Seenadel

Corythoichthys schultzi

Dieser Fisch ist wegen seiner geringen Größe und seiner ausgezeichneten Tarnfarbe nicht leicht zu entdecken. Schlanker Körper mit sehr langer Schnauze. Die Augen sind groß und hervorstehend. Der Rückensaum erscheint leicht gesägt, infolge der starren Ringe, die den Fischkörper bilden. Die Schwanzflosse ist rötlich, mit weißem Rand. Fünf Längsreihen von orangen Punkten laufen über den Körper. Diese Art bewohnt die ebenen Flächen im Riff, ernährt sich von winzigen Krebstieren und wird bis zu 16 Zentimeter lang.

FAMILIE HOLOCENTRIDAE

Weißsaum-Soldatenfisch

Myripristis murdjan

Ovaler, seitlich abgeflachter, hoher Körper, der mit stacheligen Schuppen bedeckt ist. Die erste Rückenflosse hat zehn gutausgebildete Stachelstrahlen, die Augen sind groß, das Maul ist breit. Die Fische sind hellrot gefärbt. Die nachtaktiven Soldatenfische halten sich tagsüber an Höhleneingängen auf, als ob sie dort Wache stünden. Diese Art wird bis zu 27 Zentimeter lang.

Diadem-Husar

Sargocentron diadema

Ovaler und wenig hochrückiger Körper, länglicher als die vorher erwähnte Art. Auch beim Diadem-Husar sind die Augen auffällig groß, diese Art ist ebenfalls nachtaktiv. Die Färbung ist hellrot, mit auffallend weißen Streifen an den Seiten. Ein weißes Band verläuft hinter dem Auge von der Stirn bis zum unteren Kiemendeckelrand. Der vordere Teil der Rückenflosse ist dunkelrot gefärbt. Der Diadem-Husar erreicht eine Länge von 17 Zentimeter.

Riesen-Husar
Sargocentron spiniferum
Der Körper ist etwas zusammengedrückt und hochrückig; die Schnauze läuft spitz zu, die Augen sind relativ groß. Die Rückenflosse ist gut entwickelt, die Flossenmembran zwischen den Strahlen ist rot gefärbt. Die Körperfärbung ist rot mit dunkleren roten Flecken auf dem Kiemendeckel und an dem Ansatz der Brustflossen. Auch diese Art zählt zu den nachtaktiven Fischen. Der Riesen-Husar erreicht eine Körpergröße von 45 Zentimeter.

FAMILIE SCORPAENIDAE

Strahlenfeuerfisch
Pterois radiata
Länglicher, mehr oder weniger stark seitlich abgeflachter Körper, großer Kopf mit einem großen Maul. Die Strahlen der Brustflossen sind sehr lang, unverzweigt, die oberen sind an der Basis mit einer Flossenmembran verbunden. Alle Strahlen sind giftig. Der Körper ist bräunlich-rot gefärbt mit weißen Streifen. Über den Augen sind lange, fleischige Kopftentakel. Der Strahlenfeuerfisch wird bis 25 Zentimeter lang.

Indischer Rotfeuerfisch
Pterois miles
Die Körperform ist ähnlich der vorher genannten Art. Die Färbung zeigt braune Querstreifen von unterschiedlicher Breite. Die Flossenstrahlen sind nicht nackt, sondern besitzen eine mehr oder weniger stark ausgebildete Membran, die ihnen ein federnähnliches Aussehen verleiht. Die unpaarigen Flossen tragen Reihen kleiner, dunkler Flecken. Um das Maul und über den Augen sind Hautfortsätze gut zu erkennen.

Buckel-Drachenkopf
Scorpaenopsis diabolus
Eine leicht ovale Körperform, massig und hochrückig, mit vielen fleischigen Hautanhängen. Der Kopf ist sehr groß und mit Dornen besetzt, das Maul ist breit und nach oben gerichtet. Die Brustflossen reichen bis zur Afterflosse. Falsche Steinfische sind durch ihre Körperfärbung ausgezeichnet getarnt, sie liegen regungslos am Boden und lauern auf Beute. Die Schwanzflosse zeigt breite, dunkle Querstreifen. Die Stachelstrahlen der Rückenflosse sind giftig, aber nicht so stark wie beim Steinfisch. Diese Art wird 30 Zentimeter lang.

Großer Schaukelfisch
Taenianotus triacanthus
Die Körperform ähnelt der der Skorpionsfische, mit einem großen Kopf und einem schrägen Maul. Der Körper ist zur Schwanzflosse hin seitlich abgeflacht und spitz zulaufend. Die Rückenflosse ist sehr groß, mit giftigen Stachelstrahlen. Die Färbung ist ziemlich variabel; sie kann sich der jeweiligen Umgebung anpassen und ermöglicht so dem Fisch, sich wie ein von der Strömung bewegtes Blatt kleineren Fischen zu nähern, denen er nachstellt. Diese Art wird zehn bis zwölf Zentimeter lang.

FAMILIE SERRANIDAE

Gelbschwanz-Fahnenbarsch

Pseudanthias evansi

Ovaler, seitlich zusammengedrückter Körper. Kegelförmiger Kopf mit endständigem Maul. Lange Rückenflosse und eine sichelförmige Schwanzflosse mit ausgeprägten, spitz auslaufenden Flossenlappen. Große Brust- und Bauchflossen. Die Färbung ist besonders auffallend: Der obere Teil des Körpers und der Schwanz sind gelb, während der übrige Bereich violett gefärbt ist. Ein purpurner Streifen zieht sich von der Spitze des Mauls über das Auge bis hin zur Basis der Brustflossen. Dieser Fisch lebt in Schulen nahe des oberen Bereichs der äußeren Barriere-Riffe. Er wird bis zu zehn Zentimeter lang.

Rotmaul-Zackenbarsch

Aethaloperca rogaa

Ein Zackenbarsch mit einem kräftigen, großen, seitlich zusammengedrückten Körper. Der Kopf ist groß, das Rückenprofil scheint in Höhe der Augen konkav zu verlaufen. Großes Maul mit wulstigen Lippen. Adulte Rotmaul-Zackenbarsche entwickeln eine Art Buckel. Rücken-, After- und Schwanzflossen mit geradem hinteren Flossenrand. Die Färbung ist einförmig dunkelbraun. Mund und Kiemendeckel erscheinen rötlich. Bei den Jungfischen dieser Art ist der Schwanz weiß gerandet. Diese Art lebt entlang des Riffs, wo sie anderen Fischen nachstellt. Der Rotmaul-Zackenbarsch wird bis zu 60 Zentimeter groß.

Getarnter Zackenbarsch

Epinephelus polyphekadion

Spindelförmiger Körper, wie für Zackenbarsche typisch. Mächtiger Kopf mit kurzer Schnauze und relativ kleinen Augen. Großes Maul mit einem etwas vorstehenden Unterkiefer. Der obere Rand des Kiemendeckels ist leicht gekrümmt. Der untere Rand der Schwanzflosse ist abgerundet. Weiß-dunkelbraun gesprenkelte Körperfärbung mit fünf großen dunklen Flecken auf dem Rücken. Der Fisch lebt von Krebstieren und Fischen. Er erreicht eine Körpergröße von 75 Zentimetern.

Sattel-Forellenbarsch

Plectropomus laevis

Ziemlich gestreckte Körperform, spindelförmig und seitlich abgeflacht. Kräftiger Kopf mit einer geradlinigen Rückensilhouette. Großes schräges Maul, das die großen, eckzahnähnlichen Zähne im Oberkiefer gut erkennen läßt. Die breite Schwanzflosse hat eigentlich einen geraden Rand. Rötlichbraune Körperfärbung mit kleinen hellen Flecken auf dem Körper und der Schwanzflosse. Auffallend sind einige große dunkle Flecken auf dem Rücken, die nicht tiefer als bis zur Mitte der Körperseiten reichen. Diese Art lebt in den tieferen Bereichen des Riffs, sie wird bis 110 Zentimeter lang.

Vierfleck-Wabenbarsch

Epinephelus spilotoceps

Zackenbarsch mit einem schlanken Körper, der zum Ende hin spitz zuläuft. Kräftiger Kopf mit großen Augen und kurzer Schnauze mit stumpfem Profil. Helle Grundfärbung mit dunklen oder rötlichen kleinen Flecken, die sich deutlich abheben. Diese Flecken sind hexa- bis polygonal und weiß gerandet. An der Basis der Rückenflosse fallen vier dunkle größere Flecken auf. Diese Art gehört zu den kleinsten der Zackenbarsche der Malediven, sie wird nicht größer als 30 Zentimeter.

♂

Juwelen-Fahnenbarsch
Pseudanthias squamipinnis
Ovaler, leicht seitlich zusammengedrückter Körper, der in einem sichelförmigen Schwanz mit verlängerten Flossenlappen endet. Die Schnauze ist kurz und stumpf mit endständigem Maul. Die Rückenflosse ist gut entwickelt, bei den Männchen hat sie besonders lange vordere Flossenstrahlen. Die Färbung ist rötlich mit roten Punkten nahe der Brustflossen. Die Weibchen zeigen eine gelbliche Schattierung. Die Fische leben in Haremsgruppen, in denen ein oder zwei Männchen dominieren. Juwelen-Fahnenbarsche werden bis zu 17 Zentimeter lang.

Pfauen-Zackenbarsch
Cephalopholis argus
Kräftiger, sich verjüngender Körper, seitlich etwas abgeflacht. Großer Kopf mit einem leicht vorstehenden Unterkiefer. Die Schwanzflosse ist abgerundet; die Rückenflosse trägt neun Stachelstrahlen und ist ebenfalls am hinteren Flossenrand abgerundet, sie endet auf Höhe des Schwanzstiels. Die Färbung zeigt viele dunkelblaue Punkte und zehn dunkle Querbinden auf jeder Seite. Die Flossen sind dunkelblau. Dieser Fisch erreicht eine Länge von 40 Zentimetern.

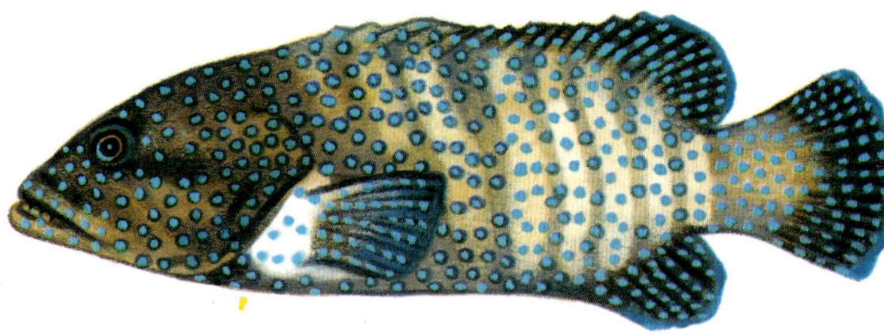

Juwelen-Zackenbarsch
Cephalopholis miniata
Der Körper ähnelt dem des Pfauen-Zackenbarsches. Die hinteren Ränder der Rücken- und der Schwanzflosse sind weniger stark gerundet. Die Färbung ist ein sehr helles rötliches Orange mit einer Vielzahl kleiner dunkelblauer, oszillierender Punkte, die über den ganzen Körper und die Flossen verteilt sind. Die Färbung scheint mit zunehmendem Alter dunkler zu werden. Die Art ist territorial und hält sich bevorzugt in nächster Nähe von Grotten und Höhlen auf. Nach vereinzelten Beobachtungen bildet der Juwelen-Zackenbarsch zur Fortpflanzungszeit kleine Gruppen und scheint sich in kleinere Territorien zurückzuziehen. Die Art erreicht eine Länge von 40 bis 45 Zentimeter.

Mondsichel-Juwelenbarsch
Variola louti
Spitzzulaufender Körper, der am Ende in einem kräftigen Schwanzstiel ausläuft. Die Schwanzflosse ist unverwechselbar ausgebildet, wie eine Mondsichel, und hat verlängerte Flossenspitzen. Rücken- und Afterflosse haben spitzzulaufende Ränder. Die Körperfärbung ist rötlich bis bräunlich mit zahlreichen hellen und vereinzelten violetten Flecken. Diese Art ist ziemlich häufig, sie erreicht eine Länge von 80 bis 85 Zentimeter.

FAMILIE PRIACANTHIDAE
Riff-Großaugenbarsch
Priacanthus hamrur
Ovaler, hochrückiger, seitlich abgeflachter Körper. Die Schnauze ist kurz; die auffallend großen Augen verraten seine nachtaktive Lebensweise. Das Maul ist nach oben gerichtet. Die Schwanzflosse ist, besonders bei den fortpflanzungsfähigen Tieren, sichelförmig ausgebildet und hat verlängerte Flossenlappen. Die Färbung zeigt eine dunkelrote Schattierung, kann sich aber schlagartig verändern. Plötzlich treten große, silbrige Bereiche auf, oder der Fisch bekommt eine deutliche Querstreifung: rote Bänder auf einem silbrigen Körper. Die Rücken- und Afterflosse zeigen an ihren Rändern dunklere Schattierungen. Der Großaugenbarsch wird 40 bis 45 Zentimeter lang.

FAMILIE CIRRHITIDAE
Gefleckter Büschelbarsch
Cirrhitichthys oxycephalus
Kräftiger Körper, schlank, vorne stärker seitlich abgeflacht. Das Rückenprofil scheint auf Höhe der Augen konkav zu verlaufen. Die Augen stehen leicht hervor, wie um dem Fisch das Beobachten seiner Umgebung zu ermöglichen, wenn er auf dem Boden liegt. Kleine büschelartige Fortsätze an der Spitze der Stachelstrahlen der Rückenflosse. Weißliche Grundfärbung mit dunkelbraunen, rot umrandeten Flecken. Feenbüschelbarsche fressen vor allem Krebstiere, sie erreichen eine Länge von sieben Zentimetern.

Langnasen-Korallenwächter
Oxycirrhites typus
Der Körper ist leicht zylindrisch, höher in der Körpermitte und endet in einer langausgezogenen Schnauze. Das Maul ist klein. Die Stachelstrahlen der Rückenflossen haben an der Spitze kleine Cirrhi, die „Büschel“. Die besonders gut entwickelten Brustflossen dienen dem Fisch zur Verankerung auf den Hornkorallen. In dieser Umgebung ist der Fisch ausgezeichnet getarnt, was auf die Musterung seines Körpers zurückzuführen ist. Er wird zehn bis dreizehn Zentimeter lang.

FAMILIE CARANGIDAE
Blauflossenmakrele
Caranx melampygus
Länglicher Körper, ziemlich hochrückig. Vorne endet er in einen konvex geformten Kopf mit einer hohen Stirn. Die Augen sind klein. Der Schwanzstiel ist dünn, verstärkt mit deutlich sichtbaren Knochenplatten; die Seitenlinie ist vollständig und im vorderen Bereich bogenförmig. Die Körperfärbung ist grünlich-braun mit einer Anzahl kleiner, schwarzer Punkte. Die langen, sichelförmigen Brustflossen, mit Schuppen auf den Seiten, sind bei den Jungtieren gelb gefärbt. Diese Art wird über einen Meter lang.

Großaugenmakrele
Caranx sexfasciatus
Länglicher, seitlich abgeflachter Körper mit stumpfem Kopf. Der Unterkiefer steht ein wenig vor. Deutliche seitliche Kiele am Schwanzstiel. Die Schwanzflosse ist stark gegabelt. Der Rücken der Fische ist blau-grau oder blau-grün gefärbt. Die Flossenlappen der Schwanzflosse zeigen eine schwärzliche Färbung. Die Seiten sind grünlich-gelb oder silbrig. Die Jungtiere sind goldgelb gefärbt mit vier bis sieben breiten, dunklen Querstreifen. Die Großaugenmakrele wird bis einen Meter lang.

Kleingefleckter Pompano
Trachinotus bailloni
Ovaler, seitlich abgeflachter Körper. Der Kopf hat ein stumpfes Profil mit einer kurzen Schnauze; endständiges Maul. Die erste Rückenflosse besteht nur noch aus Stachelstrahlen, die nicht mit einer Membran verbunden sind. Die zweite Rückenflosse und die Afterflosse liegen direkt gegenüber und sind sehr lang. Die Schwanzflosse ist tief eingeschnitten, ihre Flossenlappen laufen spitz aus. Silbrige Körperfärbung, mit grau-grüner Schattierung auf dem Rücken. Entlang der Seitenlinie liegen zwei bis fünf schwarze Flecken. Die vorderen Ränder der unpaarigen Flossen sind blau-schwarz gefärbt. Diese Art hält sich häufig im Inneren der Lagunen auf. Sie wird bis 55 Zentimeter groß.

FAMILIE LUTJANIDAE

Blaustreifenschnapper
Lutjanus kasmira
Spitzzulaufender Körper mit spitzer Schnauze. Die Rückenflosse reicht bis zum Ansatz des Schwanzstiels. Große Augen und großes Maul. Goldgelber Rücken; die Färbung wird auf den Seiten zunehmend schwächer, der Bauch ist nahezu silbrig. Typisch für diese Art sind die vier dünnen Längsstreifen, der längste reicht vom Maul bis zum Schwanzstiel. Rücken- und Schwanzflosse sind schwarz gerändert. Dieser Fisch erreicht eine Länge von 40 Zentimetern.

Doppelfleck-Schnapper
Lutjanus bohar
Länglicher, kräftiger Körper, ziemlich hochrückig. Die Schnauze läuft spitz zu, das Maul ist groß. Ober- und Unterkiefer mit einer Reihe konischer Zähne mit ausgeprägten Eckzähnen. Die Flossen sind kräftig entwickelt. Nur eine Rückenflosse; die sichelförmigen Brustflossen reichen mit ihren Spitzen fast bis zum Ansatz der Afterflosse. Rötlich-violette Färbung, am Rücken dunkler, mit gelblichleuchtenden Bereichen auf beiden Seiten des Kopfes. Die Flossen sind dunkel, teilweise mit einem weißen Saum. Die Stachelstrahlen der Rückenflossen enden in weißen Spitzen. Die Kupferschnapper werden 70 bis 90 Zentimeter lang.

Buckelschnapper
Lutjanus gibbus
Kräftiger, großer, seitlich abgeflachter Körper. Spitz auslaufende Schnauze. Bei den größeren Tieren zeigt das Kopfprofil in Augenhöhe ein charakteristisch konkaves Profil. Der Kiemendeckel weist eine tiefe Kerbe auf. Die Schwanzflosse ist stark eingeschnitten, mit abgerundeten Flossenlappen. Bräunlich-grüne Färbung auf dem Rücken, die an den Seiten und zum Bauch hin rötlich wird. Die Anordnung der Schuppen verleiht den Seiten des Fisches eine netzartige Musterung. Augen, Lippen und der Ansatz der Brustflossen sind gelb. Dieser Fisch lebt in Schulen in tieferen Bereichen entlang des Riffs. Buckelschnapper werden 50 Zentimeter lang.

FAMILIE CAESIONIDAE

Gelbstirn-Füsilier
Caesio xanthonota
Ovaler, länglicher, seitlich abgeflachter Körper. Die Schnauze ist kurz, das Maul klein, etwas schräg gestellt und mit kleinen Zähnen besetzt, zahnloser Gaumen. Lange, nicht sehr hohe Rückenflosse. Die Schwanzflosse ist tief eingeschnitten, mit spitz auslaufenden Flossenlappen. Der obere Fischkörper und die Schwanzflosse sind gelb, die untere Körperhälfte ist hellblau gefärbt. Rote Augen. Der Ansatz der Brustflossen ist schwarz, während die Ränder der Schwanz- und Afterflossen wie die der paarigen Flossen blaßrosa gefärbt sind. Planktonfresser. Diese Art wird 25 bis 30 Zentimeter lang.

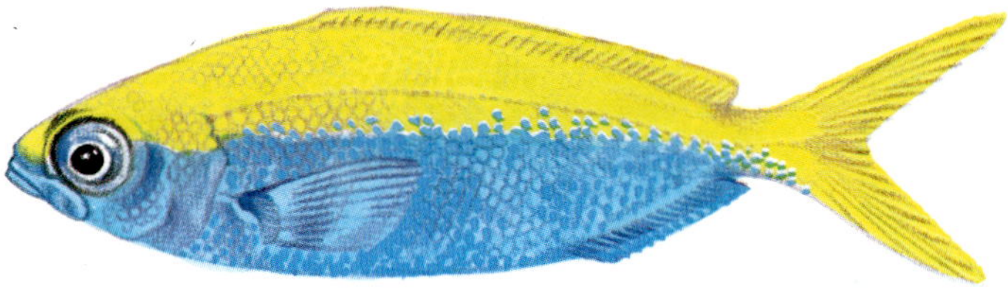

FAMILIE HAEMULIDAE

Orientsüßlippe

Plectorhinchus orientalis

Länglicher, großer, seitlich abgeflachter Körper. Abgerundeter Kopf mit kurzer Schnauze mit kleinem Maul und wulstigen Lippen. Die Seiten werden durch sechs oder sieben schwarze Längsstreifen hervorgehoben; die zwei mittleren Streifen reichen bis zur Schwanzflosse, die gut ausgeprägt und leicht eingeschnitten ist. Die Schnauze ist gelb, ebenso die unpaarigen Flossen, die schwarz gepunktet sind. Diese Art neigt zur Bildung kleiner Gruppen, die man häufig beobachten kann, wie sie bewegungslos im Schutz größerer Korallenformationen stehen. Die Fische fressen Krebs- und Weichtiere. Sie werden bis 50 Zentimeter lang.

FAMILIE LETHRINIDAE

Schwarzfleck-Straßenkehrer

Lethrinus harak

Die Körperform, die ziemlich hoch und seitlich abgeflacht ist, erinnert an die der Meerbrassen des Mittelmeeres. Das Stirnprofil ist leicht schräg; spitz zulaufende Schnauze. Die Schwanzflosse ist leicht gekerbt, mit spitz zulaufenden Flossenlappen. Graue Körperfärbung, mit grün-gelben Aufhellungen. Im Zentrum der Seiten fällt ein schwarzer, länglicher Fleck mit gelbem Rand auf. Die Rücken-, After- und Schwanzflossen zeigen rote Schattierungen. Diese Art frißt bodenbewohnende Wirbellose und lebt im Inneren der Lagunen und über ebenen Flächen im Riff. Der Schwarzpunkt-Straßenkehrer wird bis 50 Zentimeter lang.

FAMILIE EPHIPPIDAE

Spitzmaul-Fledermausfisch

Platax pinnatus

Extrem seitlich abgeflachte und auffallend hochrückige Körperform, so daß adulte Individuen in der Erscheinung einer Scheibe ähneln. Das vordere Kopfprofil ist konvex und glatt, es wird von der Schnauze unterbrochen, die zunehmend länger wird. Jungfische haben extrem hohe und schmale Rücken- und Afterflossen, die aber im Laufe der Zeit runder und kürzer werden. Auch die Färbung verändert sich mit dem Alter. Die Jungfische dieser Art sind rötlich bis gelblich-braun, während die adulten Tiere breite, dunkle, senkrechte Bänder aufweisen oder aber mehr bis weniger silbrig gefärbt sind, während Teile ihrer Flossen dunkel erscheinen. Sie leben in kleinen Schulen und sind Allesfresser. Sie werden bis 50 Zentimeter lang.

FAMILIE MULLIDAE

Gelbsattel-Meerbarbe

Parupeneus cyclostomus

Der hohe, spitzzulaufende Körper endet in eine hervorstehende Schnauze. Der Unterkiefer ist gekennzeichnet durch zwei lange Barteln, die bis zu den Bauchflossen reichen. Die beiden Rückenflossen sind deutlich voneinander getrennt. Die Schwanzflosse ist stark gegabelt. Der Kopf zeigt guterkennbare, bläuliche Längsstreifen. Die zweite Rückenflosse hat zum Ende hin einen dunklen Flecken. Jungfische sind heller gefärbt. Diese Art erreicht eine Länge von 35 Zentimeter.

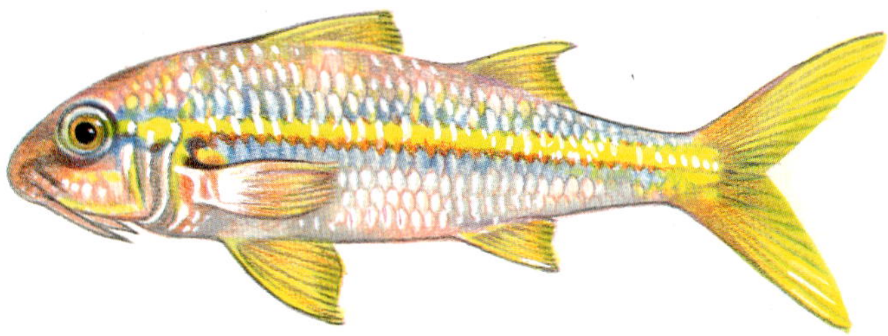

Gelbflossen-Meerbarbe

Mulloidichthys vanicolensis

Länglicher, schmaler Körper, zum Kopf hin etwas höher. Schräges Kopfprofil. Das Maul ist klein, am Unterkiefer sitzen die für diese Fischfamile charakteristischen Barteln. Zwei deutlich voneinander getrennte Rückenflossen, gegabelte Schwanzflosse. Die Körperfärbung wird bestimmt durch Längsstreifen, die in der Farbe variieren: gelb, orange oder in einigen Fällen auch rot. Die Seiten der Schnauze zeigen einen leicht roten oder orangen Schimmer. Die Flossen sind blaßrosa. Diese Art lebt in Schulen nahe über dem sandigen Meeresboden. Sie wird 35 bis 40 Zentimeter groß.

FAMILIE SPHYRAENIDAE

Großer Barrakuda

Sphyraena barracuda

Der lange Körper ist leicht zylindrisch; der Kopf ist lang und läuft spitz zu und hat einen vorstehenden Unterkiefer mit vielen großen Zähnen. Die zwei Rückenflossen sind deutlich voneinander getrennt. Die Färbung reicht von einem gräulich bis grünlichen Braun am Rücken, die Seiten und der Bauch sind silbrig. Ältere Tiere haben seitlich nahe der Schwanzflosse irreguläre dunkle Flecken. Diese Art erreicht eine Länge von 1,5 bis 1,8 Meter.

FAMILIE POMACENTRIDAE

Indopazifik-Sergeant

Abudefduf vaigiensis

Körper ähnlich der vorgenannten Art. Die gräulich-silbrige Färbung geht zum Rücken hin in ein helles Gelb über. Auf der Seite sind fünf dunkle Querstreifen, die erste schneidet den Kiemendeckel an dessen hinteren Rand. Die Färbung ist heller, wenn der Fisch in der Nähe des Sandbodens lebt, dunkler dagegen in der Nähe von Korallen. Männchen, die das Gelege bewachen, zeigen bläuliche und violette Schattierungen in ihrer Färbung. Diese Art wird zehn bis 20 Zentimeter lang.

Blaugrüner Schwalbenschwanz

Chromis viridis

Die Körperform ähnelt der des Mönchsfisch (Chromis chromis) aus dem Mittelmeer. Die recht intensive Färbung geht ins Bläuliche mit einer helleren Schattierung am Rand der Schuppen. Diese Art lebt gesellig; sie bildet gerne große Gruppen, die jeweils ihre eigenen Korallenformationen bewohnen, bevorzugt an den steilabfallenden Wänden des Außenriffs. Die Fische werden acht bis zehn Zentimeter lang.

Trauermantel-Schwalbenschwanz

Chromis dimidiata

Körperform ähnlich der vorgenannten Art, jedoch mit einer völlig anderen Färbung. Diese macht es einem leicht, die Art zu identifizieren: Die vordere Körperhälfte ist dunkelbraun oder schwarz, die hintere weiß gefärbt. Diese Art ist gesellig, sie bildet große Schulen in unmittelbarer Nähe großer Korallenformationen. Dabei halten sich die Fische auch in tieferem Wasser als *Chromis caerulea* auf. Die Zweifarben-Schwalbenschwänze werden sieben Zentimeter lang.

Dreibinden-Preußenfisch

Dascyllus aruanus

Gedrungener, hochrückiger Körper, seitlich abgeflacht. Kleines Maul mit einem leicht vorstehenden Unterkiefer. Die Grundfärbung ist weißlich mit drei auffallenden dunklen Querstreifen, wovon der erste auch über Auge und Maul des Fisches verläuft. Der Fisch lebt in kleinen Gruppen, die jeweils eine einzelne Korallenkolonie bewohnen. Nur die größeren dieser Art wagen sich weiter von der Koralle weg, die kleineren bleiben zwischen den Korallenzweigen. Die Fische werden acht Zentimeter lang.

Malediven-Anemonenfisch
Amphiprion nigripes
Ovaler, stämmiger, hochrückiger Körper, der mit großen Schuppen bedeckt ist. Das Kopfprofil zeigt einen Sattel über den Augen. Kurze Schnauze, kleines, endständiges Maul. Lange, aber niedrige Rückenflosse. Schwanzflosse mit abgerundetem Oberrand. Die Färbung reicht von orange bis gelb, immer mit einem weißen Querstreifen am Kopf. Die Bauchflossen sind schwarz. Diese Art lebt in enger Symbiose mit Seeanemonen der Gattung Heteractis. Die Fische werden sieben bis elf Zentimeter lang.

Dreifleck-Preußenfisch
Dascyllus trimaculatus
Typische Körperform der Gattung der Preußenfische (Dascyllus). Das Maul ist klein, der Fisch ist ein Planktonfresser. Die Färbung ist das auffallendste Merkmal dieser Art, die kaum zu verwechseln ist. Entweder sind die Fische völlig schwarz oder aber dunkelbraun mit drei weißen Flecken: einen auf jeder Körperseite und den dritten auf der Stirn. Diese Punkte sind am stärksten bei den Jungfischen ausgebildet. Je älter die Fische werden, umso schwächer werden die Flecken. Diese Art ist recht häufig, vor allem zusammen mit Anemonenfischen, zwischen den Stacheln der Diademseeigel (*Diadema antillarum*) und zwischen den Zweigen der Acropora-Korallen. Die Fische erreichen eine Länge von 14 Zentimetern.

Clarks Anemonenfisch
Amphiprion clarkii
Körperform ähnlich der anderen Clownfische. Variable Körperfärbung, aber immer ziemlich dunkel. Zwei weiße Querstreifen sind immer über den Seiten des Fisches sichtbar und meist ein dritter am Schwanzstiel. Schwanzflosse kann weiß oder gelb gefärbt sein, die Bauch- und Afterflossen sind schwarz. Jungfische dieser Art haben eine weiße Schnauze. Diese Art lebt in Gemeinschaft mit großen Seeanemonen mit kurzen Tentakeln. Die Fortpflanzungszeit der Fische liegt zwischen Herbst und Sommer. Sie sind Allesfresser und werden 15 Zentimeter groß.

Indische Demoiselle
Pomacentrus indicus
Eiförmiger, seitlich abgeflachter, hochrückiger Körper. Kurze, gebogene Schnauze. Das Maul ist sehr klein und etwas vorgestreckt, es ist mit zwei Reihen konischer Zähne besetzt. Langgezogene Rückenflosse, deren hinterer Rand den Schwanzstiel überragt. Die Afterflosse ist ebenfalls besonders ausgeprägt und läuft am hinteren Ende spitz zu. Die Schwanzflosse ist leicht gekerbt. Die Färbung ist schwarz, mit hellen Flecken im Mittelpunkt der Schuppen auf den Seiten sowie ein schwarzer Fleck am Ansatz der Brustflossen. Jungtiere sind bläulich gefärbt, mit einem gelben Flecken am „Nacken“. Diese Art wird bis elf Zentimeter lang.

Gelbbauch-Demoiselle
Pomacentrus caeruleus
Die Körperform ist typisch für die Arten der Gattung *Pomacentrus*. Die Schnauze ist kurz, das Maul ist klein und endständig. Rücken- und Analflossen laufen an ihren hinteren Enden spitz zu und reichen über den Schwanzstiel hinaus. Die zweilappige Schwanzflosse ist leicht gekerbt. Am Rücken und auf den Seiten hellblaue Färbung, der Bauch und der Schwanzstiel sind gelb. Der hintere Rand der Schwanzflosse ist blau eingefaßt. Diese Art ist ein Allesfresser, sie lebt zwischen den Korallen auf ebenen Flächen und an den Kanten des Riffs und wird bis acht Zentimeter lang.

FAMILIE LABRIDAE

Napoleonfisch

Cheilinus undulatus

Der Napoleonfisch ist die größte Art in der Familie der Lippfische, die über einen einzigartigen hochrückigen und stämmigen Körper verfügt. Das Maul ist groß mit vorstülpbaren, dicken Lippen, die es dem Fisch erlauben, seine Beute buchstäblich einzusaugen. Adulte Tiere haben einen auffallenden Stirnhöcker. Die grünlich-graue Färbung ist auf den Körperseiten durchsetzt mit irregulären grünlich-gelben Linien, die kopfwärts eine orangefarbene Färbung annehmen. Diese Art wird bis zu 230 Zentimeter lang und 170 bis 180 Kilogramm schwer.

Gelbschwanz-Perljunker

Anampses meleagrides

Spitzzulaufender, ovaler Körper mit einem leichten vorderen Buckel, der bei den Weibchen stärker ausgebildet ist. Das Maul ist endständig, vorstülpbar und großen, fleischigen Lippen versehen. Die Färbung der adulten Männchen ist dunkel, purpurfarben mit mehr oder weniger länglichen, bläulichen Punkten an den Schuppenrändern. Rücken- und Afterflosse zeigen blaue Streifen, wie der hintere Saum der Schwanzflosse, deren Flossenlappen verlängert sind. Weibchen sind dunkel gefärbt und übersät mit vielen weißen Punkten. Schnauze und Kehle sind rötlich, die Schwanzflosse ist gelb. Diese Art wird bis zu 25 Zentimeter lang.

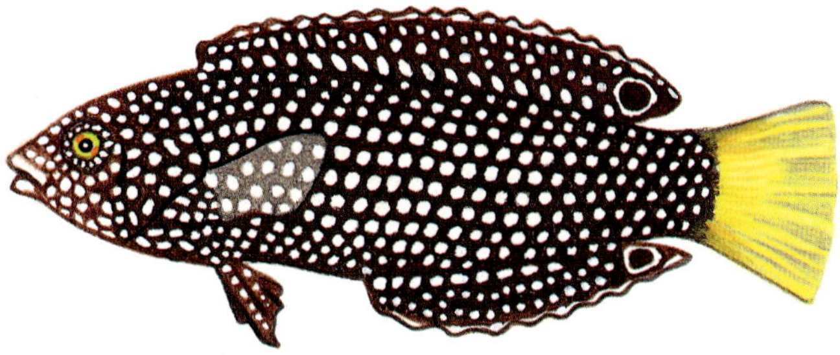

Mondsichel-Lippfisch

Thalassoma lunare

Der kräftige, längliche Körper ist seitlich leicht abgeflacht. Der Kopf ist abgerundet, die Schnauze kurz. Das Maul ist klein, die Lippen sind schmal. Die Schwanzflosse ist bei Jungtieren gekerbt, bei den adulten Fischen fast mondsichelförmig, besonders bei den größeren Männchen, mit bläulicher Schattierung. Die Körperfärbung ist grünlich, mit violettroten Querstreifen über den Seiten. Der Kopf ist grünlich-blau mit breiten, rosafarbenen Längsstreifen. Die Schwanzflosse ist in der Mitte gelblich mit rosafarbenen Streifen entlang der Flossenlappen. Diese Art wird 25 bis 30 Zentimeter lang.

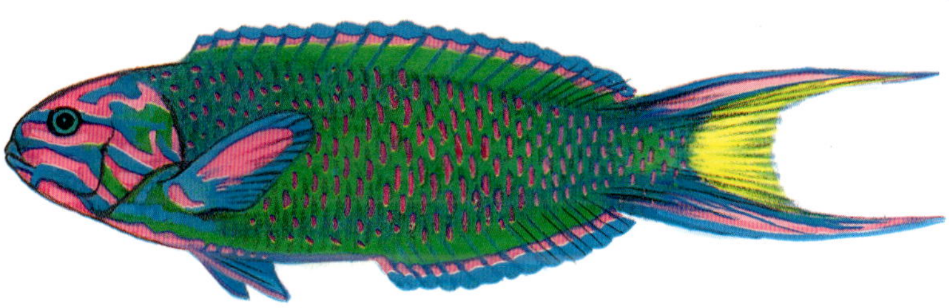

Rotbrust-Lippfisch

Cheilinus fasciatus

Kräftiger, seitlich abgeflachter Körper, vorne hochrückiger als hinten. Massiger Kopf mit stumpfem Profil. Leicht schräg nach oben gestelltes Maul, mit wulstigen Lippen und deutlich sichtbaren Vorderzähnen. Die Rückenflosse hat am hinteren Ende verlängerte Flossenstrahlen, die Schwanzflosse verlängerte Flossenlappen. Kopf und der Körper sind bis zu den Bauchflossen orange-rot gefärbt. Die Seiten zeigen die für diese Art charakteristischen sechs oder sieben dunklen, weiß gesäumten Querbänder, die bis zur Rückenflosse reichen; kleine rote Punkte sind auf diesen zu erkennen. Diese Art lebt von bodenlebenden Wirbellosen und wird bis zu 35 Zentimeter lang.

Gemeiner Putzerlippfisch (Meerschwalbe)

Labroides dimidiatus

Der längliche Körper ist seitlich abgeflacht und mit großen Schuppen bedeckt. Der Kopf läuft spitz zu; die längliche Schnauze hat ein kleines endständiges Maul, das mit vielen kleinen, spitzen Zähnen besetzt ist. Der Oberkiefer ist länger als der untere. Die vordere Körperhälfte ist leicht bräunlich gefärbt, am Rücken stärker als bauchseits. Ein schwarzer Streifen verläuft von der Schnauzenspitze bis zum hinteren Schwanzflossenrand und verbreitert sich dabei. Der hintere Körperbereich ist bläulich gefärbt. Auffälligster und häufigster Putzerfisch, bis zehn Zentimeter lang.

Schachbrett-Lippfisch
Halichoeres hortulanus
Gestreckter, eiförmiger, seitlich abgeflachter Körper. Auffallender Kopf mit spitzer Schnauze und endständigem Maul. Die Individuen dieser Art wechseln das Geschlecht, wenn sie älter werden, vom Weibchen zum Männchen. Die Männchen haben einen grünen Kopf mit orange-rosa farbenen Punkten und Streifen bis zum Ansatz der Brustflossen. Der Körper ist blau-grün gefärbt, mit dunklen Flecken in der Mitte der Schuppen, ähnlich einem schachbrettartigen Muster. Der Schwanz ist rot eingefaßt. Die Weibchen haben einen gelben Schwanz, die hintere Körperhälfte ist rötlich gefärbt und trägt einen schwarzen Flecken auf dem Rücken. Diese Art wird bis zu 25 Zentimeter lang.

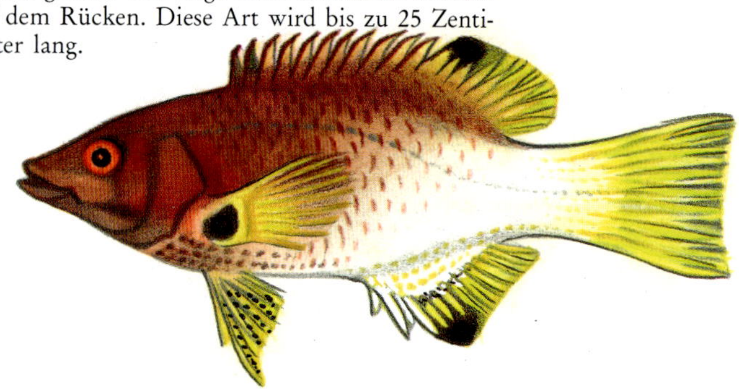

Achselfleck-Schweinslippfisch
Bodianus axillaris
Spitz zulaufender, seitlich abgeflachter Körper mit spitzer Schnauze. Die Bauchflossen sind kräftig, und die längeren Bauchflossenstrahlen reichen fast bis zur Afteröffnung. Die Schwanzflosse ist bei adulten Fischen gestutzt, bei juvenilen dagegen abgerundet. Die vordere Körperhälfte ist dunkel, ganz im Kontrast zur hellen Färbung der hinteren. Am Ansatz der Brustflossen sowie auf der Rücken- und Afterflosse ein auffälliger schwarzer Fleck. Jungfische haben neun weiße Punkte auf ihrem Körper. Achselfleck-Schweinslippfische werden bis 20 Zentimeter lang.

Blauer Vogel-Lippfisch
Gomphosus caeruleus
Ovaler, seitlich leicht abgeflachter Körper. Die Schnauze ist charakteristisch verlängert, bei adulten Tieren röhrenförmig. Das Maul liegt endständig, ausreichend gut entwickelt, um kleine Beutetiere zu schnappen. Die Rückenflosse ist abgerundet, bei älteren Tieren wird sie länglich. Die Männchen sind dunkelblau gefärbt. Die Weibchen sind am Rücken grün, am Bauch dagegen gelblich mit schwarzen Flecken auf den Seiten. Sie erreichen eine Größe von 20 bis 28 Zentimeter.

FAMILIE SCARIDAE
Buckelkopf-Papageifisch
Scarus strongylocephalus
Ovaler, hochrückiger und kräftiger Körper. Sehr steile, fast senkrechte vordere Kopfpartie. Die Zahnplatten sind nicht besonders deutlich ausgebildet. Auf den Wangen verlaufen drei Reihen großer Schuppen. Die Schwanzflosse endet halbmondförmig. Die Färbung ist ein bräunliches Gelb, während die untere Schnauzenhälfte bei den Weibchen grün ist. Die Schuppen haben ziemlich intensive rosafarbene Streifen. Die Schuppen der Männchen, die im Bereich des Rückens eine grünliche Färbung zeigen, haben außerdem eine violette Schattierung. Die Bauchseite ist blau-grün. Der hintere Rand der Schwanzflosse ist grün gesäumt. Diese Art erreicht eine Länge von 70 Zentimeter.

Blauband-Papageifisch
Scarus ghobban
Ovaler, hochrückiger, seitlich leicht abgeflachter Körper. Die Schnauze ist abgerundet. Große Lippen, die weißen Zähne sind stellenweise sichtbar. Der Schwanzstiel ist kurz und kräftig. Die Schwanzflosse ist leicht sichelförmig, mit spitz auslaufenden Flossenlappen. Die Weibchen haben gewöhnlich eine rötlich-gelbe Grundfärbung mit dunkelblauen Querbändern. Die Männchen haben keine dunkelblauen Streifen, aber sie zeigen diese auf den Lippen und zwischen Maul und Augen. Die Schuppen auf dem Körper sind dunkelblau gesäumt. Die unpaarigen Flossen schimmern rötlich. Die Fische werden bis 60 Zentimeter lang.

Masken-Papageifisch
Cetoscarus bicolor
Gewöhnlich spindelförmiger, ovaler Körper; die Schnauze läuft spitz zu. Sichelförmige Schwanzflosse mit spitz auslaufenden Flossenlappen. Die Weibchen dieser Art sind dunkel gefärbt, am Rücken dunkelbraun, auf den Seiten etwas heller. Hier haben die Schuppen in der Mitte einen hellen Flecken und sind gesprenkelt. Die Männchen haben einen dunkelbläulichen Kopf, mit einer sehr feinen violetten Tüpfelung. Rücken und Teile der Seiten sind grün, während die Schuppen violett umrandet sind. Die Fische dieser Art werden bis zu einem Meter lang.

Kugelkopf-Papageifisch
Scarus sordidus
Der Körper zeigt die typische Form der Papageifische mit deutlich sichtbaren Zahnplatten. Bei den Jungfischen sticht die Längsstreifung hervor. Mit zunehmendem Alter werden die Tiere dunkelbraun. Adulte Männchen sind grün mit lachsrosa gefärbten Schuppenrändern. Die Wangen sind leuchtend orange, das zu den Kiemendeckeln hin in Gelb übergeht. Merkwürdigerweise haben die Fische grüne Zähne. Das Maul der Weibchen dieser Art ist rosa.

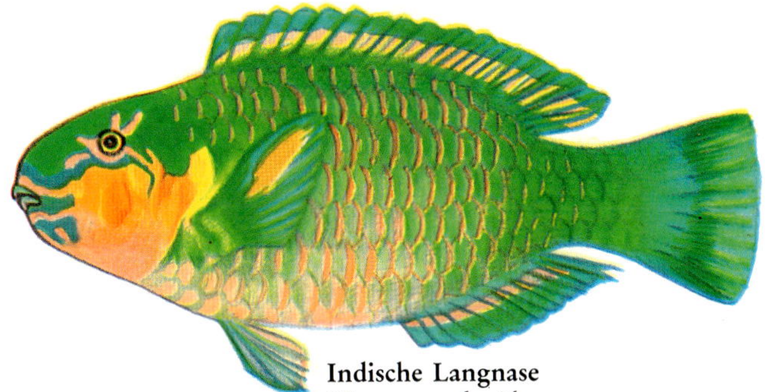

Indische Langnase
Hipposcarus harid
Schlanker, ovaler Körper. Ziemlich geradliniges oberes Kopfprofil. Die Schnauze ist lang und läuft spitz zu. Die Schwanzflosse ist stets sichelförmig, mit langen Flossenlappen. Sie ist insbesondere bei den größeren Männchen lang ausgezogen. Die Weibchen haben eine bronzene Grundfärbung, die bauchseits heller ist. Gelbliche Rücken- und Afterflossen, gesäumt von einer bläulichen Schattierung. Die Schwanzflosse ist dunkelblau eingefaßt. Die Männchen sind hellgrün gefärbt, mit orange umrandeten Schuppen. Lippen und der Rand der unpaarigen Flossen haben ein Doppelband in orange und dunkelblau. Diese Fische werden bis 75 Zentimeter lang.

FAMILIE CHAETODONTIDAE

Mitra-Falterfisch
Chaetodon mitratus
Hochrückiger, seitlich abgeflachter Körper. Oberes Kopfprofil geradlinig, auf Höhe der Augen ist es leicht konvex. Spitz zulaufende Schnauze. Der Rücken ist scharf gewinkelt. Die ersten Stachelstrahlen der Rückenflosse sind stark ausgeprägt und stehen auseinander. Große Brustflossen, die Afterflosse hat ausgeprägte Stachelstrahlen. Die Augen werden durch ein dunkles Band maskiert. Die Färbung der Seiten ist weiß, mit zwei breiten, dunklen, schräg verlaufenden Bändern, dessen zweites bis in die Rückenflosse reicht; die Flossenstrahlen der Rückenflosse zeigen weiße Spitzen. Dieser Fisch lebt von bodenbewohnenden Wirbellosen an den tiefsten Stellen des Riffs, die Fische erreichen eine Länge von 12 Zentimetern.

Fähnchen-Falterfisch
Chaetodon auriga
Nahezu rechteckiger Körper, sehr hochrückig und seitlich abgeflacht. Zur Spitze hin konkav geformter Kopf, der in einer spitzen, kurzen Schnauze endet. Ein breites, dunkles Band, das zum Rücken hin schmäler wird, bedeckt das Auge. Die Rückenflosse trägt einen dunklen, schillernden Fleck nahe am hinteren Flossenrand. Dieser endet in einer Anzahl verlängerter, fadenförmiger Strahlen, eines der Hauptbestimmungsmerkmale dieser Art. Die Fische schwimmen allein oder in Paaren; sie werden 20 bis 25 Zentimeter lang.

Mondsichel-Falterfisch
Chaetodon lunula
Hochrückiger, seitlich abgeflachter, ovaler Körper, zum Ende hin leicht abgerundet. Das Stirnprofil des Kopfes ist konkav. Kurze, spitz zulaufende Schnauze. Ein breites schwarzes Band, weiß eingefaßt, maskiert die Augen. An der Schwanzwurzel befindet sich ein schwarzer Fleck. Die obere seitliche Körperhälfte ist mehr oder weniger dunkel, und schräge Streifen reichen von hier bis zum Bauch. Nachtaktive Fische, Allesfresser, die an der Riffkante leben. Sie werden bis zu 20 Zentimeter lang.

Madagaskar-Falterfisch
Chaetodon madagascariensis
Die Körperform geht ins Ovale. Das stirnseitige Kopfprofil ist geradlinig oder – auf Höhe des „Nackens“ – ganz leicht konvex und über den Nasenlöchern konkav. Kurze, spitz zulaufende Schnauze. Die Zähne sind in klar voneineinder getrennten Reihen angeordnet. Helle Grundfärbung. Ein schwarzes Band läuft direkt über die Augen, und im „Nacken“ ist ein hufeisenförmiger dunkler Fleck. Die Seiten sind mit sechs bis acht gewinkelten schwarzen Streifen verziert. Die hintere Körperhälfte ist gekennzeichnet durch ein oranges Band, welches von der Rücken- bis zur Afterflosse reicht. Ein Streifen gleicher Färbung verläuft auch über der Schwanzflosse. Diese Art ist ein Allesfresser, die entlang des Riffhangs lebt. Der Madagaskar-Falterfisch wird bis 14 Zentimeter lang.

Schwarzrücken-Falterfisch
Chaetodon melannotus
Nahezu ovaler, seitlich abgeflachter, hochrückiger Körper. Das Kopfprofil ist leicht konkav. Kurze, spitz zulaufende Schnauze. Das auffälligste Merkmal dieser Art ist der schwarze Querstreifen, der über den Kopf läuft und das Auge bedeckt. Der hintere Teil des Schwanzstiels und der vordere Bereich der Afterflosse haben schwarze Flecken. Alle Flossen sind gelb. Auf der Körperseite verlaufen diagonale Reihen kleiner Flecken, die in einem breiten, dunklen Rückenband zusammenlaufen. Diese Art wird 18 Zentimeter lang.

Keilfleck-Falterfisch
Chaetodon falcula
Seitlich abgeflachte, ovale Körperform. Konkaves Stirnprofil, lange, spitz zulaufende Schnauze. Schwarze Augenbinde. Auf dem Rücken liegen zwei große sattelähnliche Flecken. Die unpaarigen Flossen sind gelb. Ein dunkler Ring schmückt die Schwanzwurzel . Weißlicher Körper mit dunklen Querstreifen. Diese Fische leben fast ausschließlich in Paaren und fressen Wirbellose. Sie bevorzugen die flacheren Riffabschnitte. Der Doppelsattel-Falterfisch wird bis zu 18 Zentimeter lang.

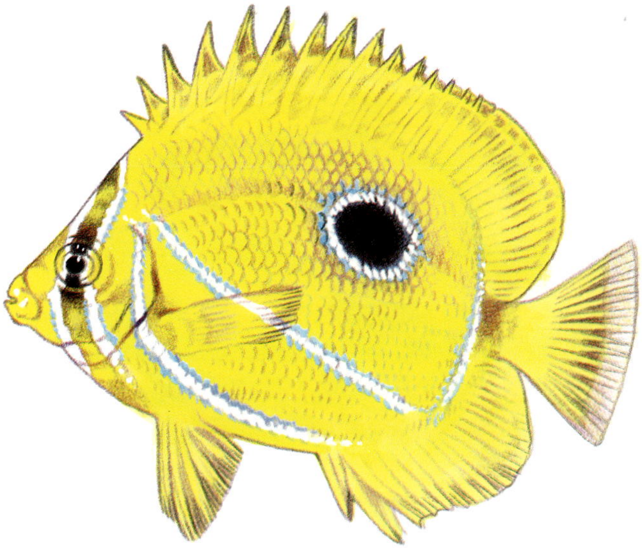

Bennetts-Falterfisch
Chaetodon bennetti
Abgerundeter Körper, hochrückig und seitlich abgeflacht. Das obere Kopfprofil ist stark ansteigend und leicht konkav. Kurze Schnauze. Kleines, endständiges Maul. Gelbe Grundfärbung, auf der ein großer, schwarzleuchtender Flecken auffällt, der von einem blauen Band eingefaßt ist. Zwei schräge, hellblaue Streifen reichen vom Ansatz der Brustflossen zur Afterflosse. Die schwarze Augenbinde ist mit hellblauen Streifen eingefaßt. Diese Art lebt in Paaren und ist häufiger auf der Außenseite des Riffs. Die Fische werden bis 18 Zentimeter lang.

Langmaul-Pinzettfisch
Forcipiger longirostris
Dieser Fisch hat eine einzigartige Körperform, er ist leicht an der langen, schnabelähnlichen Schnauze und dem gestutzten Hinterkörper zu erkennen. Der obere Kopfbereich ist schwarz, während die untere Kopfhälfte silbrig aufgehellt ist. Der Körper ist gelb, mit einigen dunklen Streifen am Ansatz der Brustflossen. Die Schwanzflosse ist durchsichtig. Dieser Fisch lebt in kleinen Gruppen von fünf bis sechs Individuen, er frißt kleine Wirbellose, die er mit seiner langen Schnauze zwischen den Schlupfwinkeln und Spalten der Korallen aufstöbert. Er erreicht eine Länge von 22 Zentimetern.

Schwarm-Wimpelfisch
Heniochus diphreutes
Hochrückiger, scheibenförmiger Körper, der seitlich stark abgeflacht ist. Kleiner Kopf mit einer etwas verlängerten Schnauze. Der Vorderkörper ist durch ein breites schwarzes Band abgesetzt, das das Auge und den Kiemendeckel bedeckt und bis zum Ansatz der Rückenflosse reicht. Ein zweites Band, das an der Schwanzwurzel beginnt, verläuft diagonal über den hinteren Körperteil. Der Stachelstrahl der Rückenflosse ist auffallend wie ein Wimpel. Diese Art wird 20 bis 25 Zentimeter lang.

Indischer Baronesse-Falterfisch
Chaetodon triangulum
Hochrückiger, seitlich abgeflachter Körper. Das obere Kopfprofil ist wie mit dem Lineal gezogen und stark ansteigend. Die Schnauze ist kurz. Weißliche Körperfärbung, heller in der vorderen Körperhälfte, zum Ende dunkler werdend. Die Schnauze ist rötlich-braun gefärbt. Der Augenbinde gleicher Färbung folgt ein weiterer, dünnerer Querstreifen. Über die Seiten laufen dunkle Querstreifen. Die Schwanzwurzel hat einen gelben Streifen. Rücken- und Afterflosse sind hellblau eingefaßt. Die Schwanzflosse ist schwarz und gelb gefärbt. Dieser Fisch streift paarweise durchs Riff und frißt die Polypen der Korallen (zum Beispiel von *Acropora*), in deren Nähe er sich aufhält. Diese Art wird bis 15 Zentimetern lang.

Maskenwimpelfisch
Heniochus monoceros
Hochrückiger, leicht ovaler, seitlich abgeflachter Körper. Kräftiger Kopf mit einem charakteristisch konkav verlaufendem oberen Kopfprofil zwischen dem Ansatz der Rückenflosse und den Augen. Die kurze Schnauze läuft spitz zu. Der hintere Rand der Rücken- und Afterflosse ist abgerundet. Der vierte Strahl der Rückenflosse ist sehr lang und auffällig, besonders bei adulten Männchen dieser Art. Gestutzte Schwanzflosse. Die Färbung wird bestimmt von drei dunklen Bändern, die voneinander durch weiße Flächen getrennt sind. Die Rücken- und Schwanzflossen sind gelb. Dieser Fisch lebt paarweise oder in kleinen Gruppen entlang des Außenriffs. Die Fische wachsen bis zu einer Körperlänge von 25 Zentimetern.

Schwarzer Pyramiden-Falterfisch
Hemitaurichthys zoster
Insgesamt ovaler, hochrückiger und seitlich abgeflachter Körper. Ansteigendes Stirnprofil, kurze, spitz zulaufende Schnauze. Endständiges, waagrechtes Maul mit winzigen Zähnen, die in vier bis sieben Reihen angeordnet sind. Runde hintere Rücken- und Afterflosse. Die ersten sieben Strahlen der Rückenflosse nehmen an Länge fortlaufend zu. Die Färbung ist in der Mitte weiß, vorne und hinten schwarz. Dieser Fisch frißt Plankton und lebt im freien Wasser über der Riffkante. Er wird bis 15 Zentimeter lang.

FAMILIE POMACANTHIDAE
Blaukopf-Kaiserfisch
Pomacanthus xanthometopon
Hochrückiger, ovaler, seitlich abgeflachter Körper. Das Maul ist klein und endständig. Die Rücken- und Afterflossen sind im hinteren Bereich charakteristisch gerundet. Die Schwanzflosse ist gestutzt. Der Körper zeigt ein auffallend schönes netzartiges Muster. Der Kopf ist dunkelblau, mit orangenen Punkten gesprenkelt, die Augen aber sind gelb eingefaßt. Die Schwanzflosse ist orange-gelb gefärbt und dunkelblau eingefaßt. Im hinteren Teil der Rückenflosse sitzt ein schwarzer Fleck. Diese Art frißt Schwämme und andere festsitzende Wirbellose. Sie leben als Einzelgänger oder paarweise und erreichen eine Körperlänge von 40 Zentimetern.

Pfauen-Kaiserfisch
Pygoplites diacanthus
Der Körper ist weniger hochrückig als bei den meisten anderen Kaiserfischen. Der hintere Flossenrand der Rücken- und Afterflosse ist gut ausgebildet, er erstreckt sich aber nicht über die Schwanzflosse hinaus. Die Grundfärbung des Körpers ist orange-gelb mit acht oder neun dunkelblauen Querstreifen. Direkt um die Augen verlaufen zwei scharf abgegrenzte dunkelblaue Streifen. Die Rückenflosse am hinteren Ende ist dunkel gesprenkelt. Auf der Afterflosse verlaufen gelbe Streifen parallel zum Flossenrand. Die Jungtiere dieser Art sind ziemlich ähnlich gefärbt, sie haben einen oszillierenden Fleck am Ende der Rückenflosse. Die Fische erreichen eine Länge von 25 bis 30 Zentimeter.

Imperator-Kaiserfisch
Pomacanthus imperator
Nahezu ovale Körperform mit einem praktisch senkrecht verlaufenden vorderen Kopfprofil. Sehr kurze Schnauze. Rücken- und Afterflosse haben abgerundete Flossensäume, die über die Schwanzwurzel hinaus reichen. Die Jungfische sind dunkelblau gefärbt mit helleren konzentrischen Streifen, von denen der innerste nahe der Schwanzwurzel zu einem Kreis geschlossen ist. Adulte Fische haben viele diagonale, gelbgefärbte Streifen. Die Augen sind mit einem dunklen Band maskiert, das hellblau gesäumt ist. Über dem Kiemendeckel verläuft ein ähnliches zweites Band. Der Fisch erreicht eine Länge von 40 Zentimeter.

FAMILIE ACANTHURIDAE

Gelbklingen-Nasendoktorfisch
Naso lituratus
Der ovale Körper ist seitlich abgeflacht und zum Kopf hin hochrückig. Der kräftige Kopf zeigt ein Stirnprofil, das im 45-Grad-Winkel abknickt. Die Schnauze läuft spitz zu; das kleine Maul ist besetzt mit scharfen Zähnen, deren Spitzen abgerundet sind. Seitlich an der Schwanzflosse liegen zwei knöcherne Platten, jede besetzt mit einem scharfen, nach vorne gekrümmten Dorn. Die Schwanzflosse ist halbmondförmig, die Flossenlappen laufen mit langen, fadenförmigen Flossenstrahlen spitz zu. Die Fische sind gelblich-braun gefärbt mit einer orangen Schwanzwurzel. Zwischen den Augen liegt ein gelber Punkt. Die Rückenflosse ist gelblich-orange, an der Basis schwarz mit einem weißen Band. Diese Art erreicht eine Länge von 45 Zentimeter.

Schärpen-Nasendoktorfisch
Naso brevirostris
Auffallendste Art aller Doktorfische; leicht zu erkennen am kräftigen, ovalen Körper mit einem langen Horn, das weit über die Schnauze hinausragt. Auf jeder Seite der Schwanzwurzel liegen zwei knöcherne Platten, jede mit einem scharfen Dorn versehen. Abgerundete Schwanzflosse. Die Färbung reicht von gräulich-blau bis oliv-braun. Manchmal sind die Lippen bläulich. Am unteren Rand der Schwanzflosse verläuft ein blasser Streifen. Die Fische schwimmen meist zu mehreren; sie werden bis 50 Zentimeter lang.

Masken-Nasendoktorfisch
Naso vlamingi
Länglicher, ovaler, seitlich abgeflachter Körper. Leicht konkaves Stirnprofil mit abgerundeter Schnauze. Endständiges Maul mit hervorstehenden Lippen. Sehr lange Rückenflosse mit fadenförmigen ersten Flossenstrahlen. Die Bauchflossen sind klein und sitzen am Brustkorb. Die Schwanzflosse ist gestutzt, mit sehr lang ausgezogenen, fadenförmigen Flossenlappen. Bläuliche Grundfärbung mit purpurfarbenen Schattierungen. Ein dunkelblaues Band hebt Augen und Schwanzstiel hervor. Die Färbung kann schlagartig sehr hell oder dunkel werden, abhängig vom jeweiligen „Gemütszustand" des Fisches. Dieser Fisch lebt in Schulen entlang des äußeren Riffs und wird bis zu 60 Zentimeter lang.

Weißkehl-Doktorfisch
Acanthurus leucosternon
Seitlich abgeflachter, ovaler Körper. Die kurze Schnauze hat ein nahezu senkrechtes, konkaves Profil. Die Rücken- und die Afterflosse sind rund. Die Schwanzflosse ist leicht eingeschnitten. Die Grundfärbung des Körpers ist dunkelblau. Der Kopf ist schwarz. Die gelbe Rückenflosse hat einen schwarzen und hellblauen Rand. Die Schwanzflosse ist hellblau mit schwarzen und dunkelblauen Rändern. Der Ansatz der Brustflossen ist orange. Ein gelber Fleck auf dem Schwanzstiel betont die Lage des abspreizbaren Skalpells. Diese Art lebt in Schulen und ist ein Pflanzenfresser; die Fische erreichen eine Körperlänge von über 20 Zentimetern.

Blaustreifen-Doktorfisch
Acanthurus lineatus
Seitlich abgeflachter, ovaler, länglicher Körper. Abgerundete Schnauze. Die Brustflossen sind sichelförmig. Halbmondförmige Schwanzflosse, mit stark verlängerten Flossenlappen. Der Schwanzstiel hat einen großen Dorn. Die Rücken- und obere Körperhälfte ist hellblau gefärbt, geschmückt von acht oder zehn gelben Längsstreifen, die schwarz eingefaßt sind. Die Bauchpartie ist hellblau, mit orange-gelben Schattierungen. Der vordere Bereich der Bauchflossen ist schwarz. Diese Art lebt in relativ großen Schulen in den Riffabschnitten, in denen eine stärkere Strömung herrscht. Die Fische werden 25 bis 30 Zentimeter lang.

Sträflings-Doktorfisch
Acanthurus triostegus
Seitlich abgeflachter, ovaler Körper. Runde Enden der Rücken- und Afterflosse. Gestutzte Schwanzflosse. Der Dorn an der Schwanzwurzel ist klein und kaum sichtbar. Silbrig-graue Grundfärbung, mit gelber Schattierung. Die dunklen Querstreifen treten deutlich hervor, der erste der Streifen überdeckt das Auge. Diese Art ist ein Pflanzenfresser und lebt in Schulen über den ebenen Flächen des Riffs. Die Fische erreichen eine Körperlänge von 20 bis 25 Zentimeter.

Blauschwanz-Doktorfisch
Acanthurus dussumieri
Seitlich abgeflachter, ovaler Körper. Abgerundete Schnauze mit einem endständigen Maul und dicken Lippen. Lange, am Ende runde Rücken- und Afterflosse. Schwanzflosse mit lang ausgezogenen, spitz zulaufenden Flossenlappen. Grünlichblaue Grundfärbung mit gelben Schattierungen. Der Ansatz der Rückenflosse ist dunkelblau. Dunkelblaue Schwanzflosse mit gelbem Ansatz. Ein dunkelbläulicher Fleck zeigt auf dem Schwanzstiel die Lage des großen, scharfen und weißgefärbten Dorn an. Ein waagrechtes gelbes Band läuft über das Auge. Schwarzgerandete Kiemendeckel. Diese Art frißt Kalkalgen. Der Augenstreifen-Doktor wird bis zu 40 Zentimeter lang.

Weißschwanz-Doktorfisch
Acanthurus thompsoni
Seitlich abgeflachter, länglicher Körper. Kurze Schnauze, runder Kopf. Halbmondförmiger Schwanz, mit lang ausgezogenen, spitz auslaufenden Flossenlappen. Auch die hinteren Ränder der Rücken- und Afterflossen laufen spitz zu. Grundfärbung ist eintönig dunkel, braun oder oliv. Die Schwanzflosse ist weiß oder gelb. Die Brustflossen sind bläulich. Diese Art ist ein Planktonfresser, die über dem äußeren Riffwall lebt. Die Fische werden 15 bis 20 Zentimeter lang.

Fledermaus-Segelflosser
Zebrasoma veliferum
Seitlich abgeflachter, hochrückiger Körper, der durch die auffällige Ausbildung der Flossen rund erscheint. Auf Höhe der Augen konkaves Kopfprofil. Kurze Schnauze mit einem vorstehenden und endständigen Maul. Die Rückenflosse ist extrem groß und hat einen typisch abgerundeten Rand. Die Afterflosse ist ebenfalls ziemlich groß. Die Färbung variiert mit dem Alter. Adulte Fische haben eine bräunliche Grundfärbung, mit dunkleren, gelb oder orange eingefaßten Streifen, die sich auf den Rücken- und Afterflossen fortsetzen. Die untere Körperhälfte ist gesprenkelt. Diese Fische sind Pflanzenfresser, sie werden bis 35 Zentimeter lang.

FAMILIE ZANCLIDAE

Halfterfisch

Zanclus cornutus

Hochrückiger, seitlich abgeflachter, scheibenförmiger Körper. Rundes, aber ansteigendes Stirnprofil. Röhrenförmige Schnauze mit einem endständigen Maul, in dem die langen Zähne borstenartig angeordnet sind. Der dritte Rückenflossenstrahl ist das markanteste Merkmal dieser Art. Er ist extrem verlängert, etwa doppelt so lang wie der gesamte Fischkörper. Direkt über dem Auge ist ein markanter Höcker. Die Färbung wird bestimmt durch zwei breite schwarze Querstreifen, die durch eine weiß-gelbe Fläche voneinander getrennt sind. Diese Färbung erstreckt sich über die gesamte Rückenflosse. Auf der Schnauze liegt liegt ein gelber, sattelförmiger, schwarz umrandeter Fleck. Der Schwanzstiel ist gelb. Diese Art bildet kleine Schulen und ist ein Allesfresser; die Fische werden 23 bis 25 Zentimeter lang.

FAMILIE SIGANIDAE

Tüpfel-Kaninchenfisch

Siganus stellatus

Ovaler, seitlich abgeflachter Körper, der mit sehr kleinen Schuppen bedeckt ist. Die Schnauze ist leicht zugespitzt; das Maul ist endständig und besetzt mit vielen kleinen Zähnen. Die Wangen sind mit großen Schuppen bedeckt. Die Grundfärbung ist ein gräuliches Grün mit kleinen braunen Punkten übersät, die zum Kopf hin kleiner werden und eine grüne, ovale Schattierung an der Basis der Rückenflossenstrahlen bilden. Große schwarze Flecken liegen entlang der Seitenlinie. Die Fische erreichen eine Größe von 40 Zentimetern.

FAMILIE GOBIIDAE

Aurora-Partnergrundel

Amblyeleotris aurora

Länglicher Körper, der am hinteren Ende stärker seitlich abgeflacht ist. Stumpfe Schnauze und große Augen. Zwei Rückenflossen. Die Brustflossen sind kräftig, die Bauchflossen sind voneinander getrennt. Recht helle Grundfärbung. Vier oder fünf breite blaßrote Querstreifen. Gelblicher Schwanz. Der untere Rand des Mauls zeigt einen deutlichen roten Streifen. Territoriale Art, die mit Knallkrebsen vergesellschaftet in Höhlen auf dem Sandboden lebt. Die Fische fressen Würmer und kleine Krebstiere. Sie erreichen eine Länge von zwölf Zentimetern.

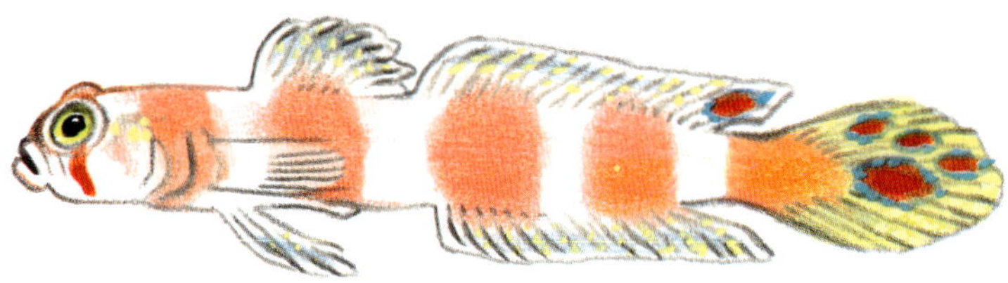

Blaupunkt-Schläfergrundel

Valenciennea sexguttata

Der spitz zulaufende Körper ist mit kleinen rauhen Schuppen bedeckt. Die Schnauze läuft spitz zu, das Maul ist leicht nach oben gestellt. Viele Zähne, einige von ihnen sind ziemlich groß. Zwei Rückenflossen; die erste Rückenflosse hat kleine runde oder längliche dunkelblaue Flecken. Auf den Körperseiten liegen ein oder zwei kaum zu erkennende Streifen, die nicht bis zur Schwanzflosse reichen. Die Tiere verbringen einen Teil ihrer Zeit eingegraben im sandigen Meeresboden. Diese Art wird bis dreizehn Zentimeter lang.

Feuerschwertgrundel

Nemateleotris magnifica

Länglicher Körper, rund am Vorder-, seitlich abgeflacht am Hinterkörper. Kurze Schnauze, große Augen. Breites Maul mit sehr vielen Zähnen einschließlich größerer Eckzähne. Zwei Rückenflossen: die erste mit sehr langen, aufstellbaren vorderen Flossenstrahlen, die zweite dagegen ist nicht so hoch und liegt symmetrisch zur Afterflosse. Breite, runde Schwanzflosse. Deutlich voneinander getrennte Bauchflossen. Helle Grundfärbung, mit gelber Schattierung im vorderen Bereich. Der hintere Bereich ist rot mit schwarzgerandeten Flossen. Territoriale Art, die in Höhlen, die im Sandboden gegraben sind, leben. Bei Gefahr zieht sich der Fisch blitzschnell in seine Höhle zurück. Die Art wird bis zu sieben Zentimeter lang.

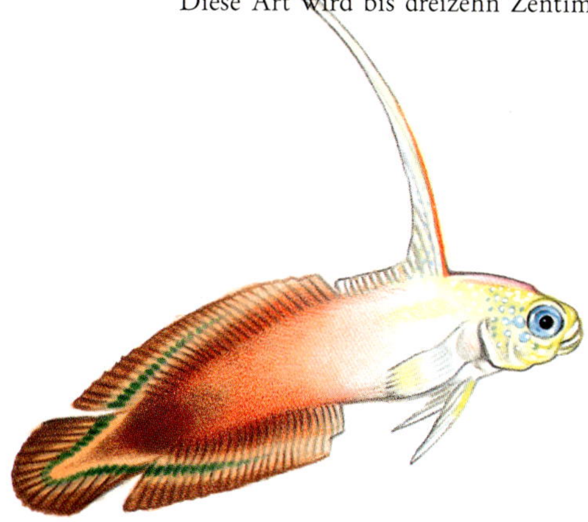

FAMILIE BALISTIDAE

Orangestreifen-Drücker

Balistapus undulatus

Ein leicht ovaler Körper, hochrückig und seitlich abgeflacht, bedeckt mit kleinen Knochenplatten. Gutentwickelter Kopf, der etwa ein Drittel der Körperlänge einnimmt. Die Augen liegen ziemlich weit seitlich. Endständiges Maul, das durch kräftige Kiefer und Zähne ausgezeichnet ist. Dunkle Grundfärbung mit hervorstechenden orange-gelben Streifen. Das Maul ist mit Bändern gleicher Färbung umrahmt. Rücken- und Afterflosse sind hellblau. Die Schwanzflosse ist gelb. Die Art wird bis zu 30 Zentimeter lang.

Grüner Riesendrücker

Balistoides viridescens

Die Körperform ist typisch für diese Familie. Das Maul liegt endständig. Zwischen den Augen ist eine tiefe Einbuchtung. Auf der Schwanzwurzel liegen zwei bis vier Längsreihen großer Knötchen. Grünliche Körperfärbung; die Flossen sind schwarz gesäumt. Ein schwarzes Band läuft über den Oberkiefer. Die Schwanzwurzel ist ziemlich hell gefärbt. Eine angriffsfreudige Art, besonders während der Fortpflanzungszeit. Die Fische werden 70 bis 75 Zentimeter lang.

Bumerang-Drückerfisch

Sufflamen bursa

Hochrückiger, seitlich abgeflachter und rechteckiger Körper. Konische Kopfform mit spitz zulaufender Schnauze. Endständiges Maul mit wulstigen Lippen. Hervorstehende Vorderzähne. Helle Körperfärbung. Weißlicher Kopf, Körper mit gelblicher Schattierung. Zwischen dem hinteren Augenrand und den Brustflossen verlaufen zwei gelbe oder bräunliche Querstreifen, die erste davon ist Bumerang-ähnlich geformt. Ein schmaler weißer Streifen reicht vom Maul bis zur Afterflosse. Dieser Fisch frißt bodenbewohnende Wirbellose und wird bis zu 20 Zentimeter lang.

Rotzahn-Drückerfisch

Odonus niger

Ein leicht ovaler Körper mit einem spitzen Kopf. Endständiges Maul, wobei der Unterkiefer besser entwickelt ist als der obere. Blauschwarze Körperfärbung mit einem grünlichen Kopf und bläulichen Streifen, die vom Maul ausgehen. Halbmondförmige Schwanzflosse mit großen, ziemlich langen Flossenlappen. Diese Art schwimmt meist in kleinen Gruppen; Körperlänge bis 50 Zentimeter.

Leoparden-Drückerfisch

Balistoides conspicillum

Ovaler, seitlich abgeflachter Körper. Spitz zulaufende Schnauze. Endständiges Maul mit vorstehenden Vorderzähnen. Runde Schwanzflosse. Äußerst lebhafte Färbung, an der diese Art – eine der bekanntesten in der Familie der Drückerfische – leicht zu erkennen ist. Dunkler, gelbgesprenkelter Oberkörper. Die untere Körperhälfte wird von große weißen Flecken geschmückt. Orange-gelbe Lippen, unter den Augen verläuft ein gelbes Band. Diese Art lebt entlang dem äußeren Riff, sie wird bis zu 50 Zentimeter lang.

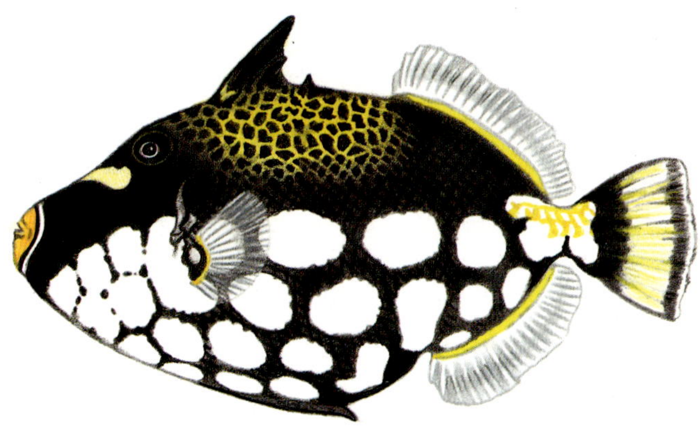

Gelbsaum-Drückerfisch
Pseudobalistes flavimarginatus
Körperform ähnlich der von P. fuscus, aber ovaler. Die Zähne sind weiß. Sie sind im Oberkiefer in zwei, im Unterkiefer dagegen nur in einer Reihe angeordnet. Ziemlich matte Grundfärbung. Die vordere Körperhälfte zwischen der Schnauze und dem Ansatz der Brustflossen ist mattgelb gefärbt. Auf den Seiten liegen viele kleine schwarze Punkte. Rücken-, After- und Schwanzflosse sind gelblich gesäumt. Die Art wird 60 Zentimeter lang.

Gemeiner Picasso-Drückerfisch
Rhinecanthus aculeatus
Ovaler, seitlich abgeflachter Körper. Konische Kopfform mit langer, spitz zulaufender Schnauze. Vordere und bauchseitige Körperpartie ist hell gefärbt, die hintere dunkel. Das Maul ist hellblau und gelb eingefaßt, ein Streifen der gleichen Färbung erstreckt sich vom Maul bis zu den Brustflossen. Ein schwarzes, hellblau eingefaßtes Band reicht vom „Nacken" bis zu den Augen. Eine Anzahl hellgefärbter schräger Streifen läuft über die Seiten, von der Mitte des Fisches bis zum Bauch. Der Schwanzstiel hat drei Reihen kleiner schwarzen Stacheln. Diese Art wird bis zu 30 Zentimeter lang.

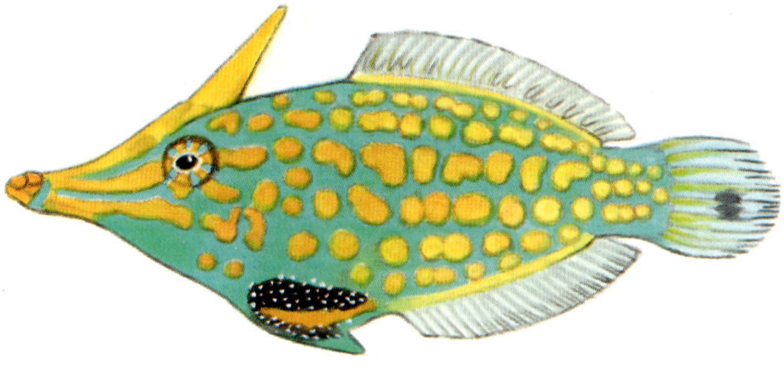

FAMILIE MONACANTHIDAE

Palettenstachler
Oxymonacanthus longirostris
Ovaler, spindelförmiger, seitlich abgeflachter Körper. Lang ausgezogene Schnauze mit einem endständigen, kleinen Maul mit wulstigen Lippen. Die erste Rückenflosse hat einen langen Stachelstrahl. Bläulich-grüne Färbung mit orangenen Flecken, die manchmal ineinander überfließen. Oranges Maul. Auf der Schwanzflosse ist ein schwarzer Flecken. Diese Fische fressen Korallenpolypen. Sie werden bis zehn Zentimeter lang.

FAMILIE TETRAODONTIDAE

Riesen-Kugelfisch
Arothron stellatus
Körper länglich und kugelförmig, ovaler Körperumriß, bedeckt mit kleinen Stacheln. Jungfische dieser Art haben eine gummiartige Oberfläche, während die adulten Tiere eine weichere Struktur zeigen. Jeder Kiefer des kräftigen Mauls ist mit zwei großen, nebeneinanderliegenden Zahnplatten ausgestattet. Charakteristisch gesprenkelte Körperfärbung. Jungfische haben bauchseits auffallende schwarze Streifen. Der Ansatz der Brustflossen ist schwarz. Diese Art nutzt Rücken- und Afterflosse als Antrieb beim Schwimmen. Häufig sieht man die Fische, die bis 120 Zentimeter lang werden, auf dem sandigen Boden der Lagunen.

FAMILIE DIODONTIDAE

Masken-Igelfisch
Diodon liturosus
Kräftiger Körper, der an eine Schachtel mit abgerundeten Ecken erinnert. Kleiner Kopf, hervorstehende Schnauze, auffallend große Augen. Die Zähne sind zu zwei Platten so miteinander verbunden, daß sie einen Schnabel bilden. Kräftige Brustflossen. Die Rückenflosse liegt weit hinten direkt gegenüber der Afterflosse. Der Schwanzstiel ist dünn, die Schwanzflosse klein. Bräunlich-gelbe Grundfärbung mit auffallend dunklen Flecken, weiß umrandet auf dem Rücken und den Seiten. Wie es für diese Familie typisch ist, bläst sich dieser Fisch bei Gefahr durch Schlucken von Wasser auf und stellt die Stacheln ab. Masken-Igelfische werden bis zu 60 Zentimeter lang.

Weitere Titel aus unserem Verlagsprogramm, mit denen Sie Tauchern Freude bereiten können:

HANDBUCH DER UNTERWASSER-FOTOGRAFIE
Heinz-Gert de Couet legt das aktuellste und gründlichste Lehrbuch und Nachschlagewerk über alle Bereiche der Fotografie unter Wasser vor. Mit zahlreichen Tips, Tricks und Bildbeispielen.
ISBN 3-86132-121-1

ROTES MEER TAUCHFÜHRER
Die besten Tauchplätze des Roten Meeres werden in diesem Buch mit dreidimensionalen Illustrationen sowie 157 spektakulären Fotos dargestellt. Zusätzlich sind 110 Fischarten farbig dargestellt und ausführlich beschrieben.
ISBN 3-86132-119-X

KORALLENFISCHE INDISCHER OZEAN
Der Indische Ozean vom Roten Meer bis Bali gehört zu den beliebtesten Tauch- und Schnorchelgebieten der Erde. In diesem Buch werden über 900 Arten von Korallenfischen in faszinierenden Unterwasserfotos in natürlichem Lebensraum gezeigt. 90 Prozent der im Indischen Ozean lebenden Korallenfische sind hier abgebildet. Für jede Familie und Art werden wichtige Informationen zur Lebensweise, Nahrung, Verbreitung und Bestimmung gebracht.
ISBN 3-86132-134-3

KORALLENFISCHE DER WELT
In fünfjähriger Arbeit hat Ewald Lieske auf 175 Tafeln 2044 Fische aus den tropischen Korallenriffen gemalt und nach den neuesten wissenschaftlichen Erkenntnissen beschrieben. Dieses Bestimmungsbuch enthält erstmals nahezu alle bekannten Korallenfische.
ISBN 3-86132-112-2

Jahr-Verlag GmbH & Co.
Jessenstraße 1, 22767 Hamburg
Tel. 040/38906-0, Fax 040/38906-302